LA VALEUR DU TRAVAIL HUMAIN

Collection « L'esprit économique »

fondée par Sophie Boutillier et Dimitri Uzunidis en 1996
dirigée par Sophie Boutillier, Blandine Laperche, Dimitri Uzunidis

Si l'apparence des choses se confondait avec leur réalité, toute réflexion, toute Science, toute recherche serait superflue. La collection « L'esprit économique » soulève le débat, textes et images à l'appui, sur la face cachée économique des faits sociaux : rapports de pouvoir, de production et d'échange, innovations organisationnelles, technologiques et financières, espaces globaux et microéconomiques de valorisation et de profit, pensées critiques et novatrices sur le monde en mouvement...
Ces ouvrages s'adressent aux étudiants, aux enseignants, aux chercheurs en sciences économiques, politiques, sociales, juridiques et de gestion, ainsi qu'aux experts d'entreprise et d'administration des institutions.

La collection est divisée en six séries :

Dans la série *Economie et Innovation* sont publiés des ouvrages d'économie industrielle, financière et du travail et de sociologie économique qui mettent l'accent sur les transformations économiques et sociales suite à l'introduction de nouvelles techniques et méthodes de production. L'innovation se confond avec la nouveauté marchande et touche le cœur même des rapports sociaux et de leurs représentations institutionnelles.

La série *Economie formelle* a pour objectif de promouvoir l'analyse des faits économiques contemporains en s'appuyant sur les approches critiques de l'économie telle qu'elle est enseignée et normalisée mondialement. Elle comprend des livres qui s'interrogent sur les choix des acteurs économiques dans une perspective macroéconomique, historique et prospective.

Dans la série *Le Monde en Question* sont publiés des ouvrages d'économie politique traitant des problèmes internationaux. Les économies nationales, le développement, les espaces élargis, ainsi que l'étude des ressorts fondamentaux de l'économie mondiale sont les sujets de prédilection dans le choix des publications.

La série *Krisis* a été créée pour faciliter la lecture historique des problèmes économiques et sociaux d'aujourd'hui liés aux métamorphoses de l'organisation industrielle et du travail. Elle comprend la réédition d'ouvrages anciens, de compilations de textes autour des mêmes questions et des ouvrages d'histoire de la pensée et des faits économiques.

La série *Clichés* a été créée pour fixer les impressions du monde économique. Les ouvrages contiennent photos et texte pour faire ressortir les caractéristiques d'une situation donnée. Le premier thème directeur est : mémoire et actualité du travail et de l'industrie ; le second : histoire et impacts économiques et sociaux des innovations.

La série *Cours Principaux* comprend des ouvrages simples, fondamentaux et/ou spécialisés qui s'adressent aux étudiants en licence et en master en économie, sociologie, droit, et gestion. Son principe de base est l'application du vieil adage chinois : « le plus long voyage commence par le premier pas ».

Vincent Laure van Bambeke

La valeur du travail humain

Essai sur la refondation de l'expression monétaire de la valeur-travail

L'Harmattan

5-7, rue de l'École-Polytechnique ; 75005 Paris

http://www.editions-harmattan.fr/

ISBN : 978-2-343-22680-4
EAN : 9782343226804

Résumé

La relation entre la valeur du travail humain et son expression monétaire (le prix de la marchandise produite) est un thème récurrent qui a animé les débats entre les économistes des différentes écoles pendant des siècles. Bien sûr les deux grands penseurs de l'économie classique que furent Adam SMITH et David RICARDO, bien que de façon différente, établissaient un lien entre les prix des différents produits et le temps de travail nécessaire, directement et indirectement, pour les fabriquer (les valeurs) mais leurs conclusions étaient contredites par la tendance à l'établissement d'un taux de profit uniforme entre les branches qui composent l'économie.[1] Pour le premier la loi de la valeur ne s'appliquait qu'aux sociétés primitives et pas à la société moderne. Pour le second elle ne s'appliquerait qu'imparfaitement. Ultérieurement et dans un cadre conceptuel différent, Karl MARX pensait pouvoir dépasser cette difficulté en distinguant valeur et prix. Quand le capitalisme est suffisamment développé, la concurrence et la fluidité du capital vers les activités les plus rentables établissent un taux de profit unique au sein de l'économie et les marchandises ne sont plus vendues à leurs valeurs mais à des prix « moyens » différents des valeurs, encore fallait-il expliquer la relation entre les deux termes.

Non seulement la réflexion sur la notion de valeur et les prix n'a pas disparu de la théorie économique mais elle a été encore au cœur de nombreux débats théoriques qui ont marqué le XXe siècle : le problème de la transformation, le débat sur le calcul des prix en économie socialiste, la controverse sur la mesure du capital des deux Cambridge, etc.

Evidemment, malgré la domination de la théorie néo-classique, la question de la relation entre la valeur du travail humain et son expression monétaire se pose encore aujourd'hui.

Tout économiste particulièrement bien formé dans les écoles de commerce anglo-saxonnes ou les universités occidentales a appris que la théorie classique de la valeur est obsolète, ceci se décline en quelques théo-

1. Quand aucune barrière n'entrave les mouvements des capitaux. Pour une présentation récente et accessible de l'économie classique : Introduction to Classical Economics (Draft), Simon MONETTE, 2019

rèmes[2] :

Théorème 1 : La transformation des valeurs en prix est logiquement impossible, il n'y a pas d'algorithme permettant le passage de l'espace des valeurs dans l'espace des prix.

Théorème 2 : Les équations d'égalités posées comme fondamentales par K. MARX, entre d'une part la somme des prix unitaires et la somme des valeurs unitaires, n'ont plus aucune raison logique d'être vérifiées en général.

Théorème 3 : Tous les secteurs ne participent pas à la détermination du taux de profit général car celui-ci est établi exclusivement par les secteurs dits *fondamentaux*, c'est-à-dire ceux qui produisent les instruments de production et les biens de consommation ouvrière. En conséquence les biens de luxe n'exercent aucune influence sur la determination du taux général de profit. P. SWEEZY donna à cette affirmation le nom de *"corollaire de* L. VON BORTKIEWICZ*"*[3].

Ce travail qui fait suite à la publication de notre livre *« Les Méandres de la transformation des valeurs en prix de production »* en 2013 dans lequel furent examinées les principales théories contemporaines qui portent sur ce sujet (les théories néo-ricardiennes, la solution standard de MORISHIMA, celle de SAMUELSON, l'interprétation de DUMÉNIL-FOLEY et celle du courant dit « temporal single system interpretation » (TSSI animé par A. FREEMAN, KLIMAN, etc). Ceci ne sera pas repris ici, car notre projet dans ce livre est d'exposer nos propres thèses et de démontrer que :

1. Les théorèmes évoqués ci-dessus reposent sur une interprétation erronée de MARX d'inspiration néoclassique et micro-économique. Celui-ci n'a jamais affirmé que la somme des prix unitaires devait être égale à la somme des valeurs unitaires, comme l'affirment certains commentateurs.[4] Il précise *« dans la société, lorsqu'on considère l'ensemble de toutes les branches de production, la somme des*

2. Liste non exhaustive évidemment. On consultera par exemple LEFTERIS T. et PERSOFONI T. *Classical Political Economics and Modern Capitalism*, Springer, 2019, p. 83

3. *Paul* M. SWEEZY, *The theory of capitalist developpement, Principes of Marxian Political Economy (1942), New York et Londres : Modern Reader, 1968*[?].

4. voir par exemple LEFTERIS T. et PERSOFONI T., op. cité, p. LEFTERIS T. et PERSOFONI T. 2019, p. 94, *Nouvelle histoire de la pensée économique*, t 2, sous la direction d'Alain BÉRAUD et Gilbert FACCARELLO, La découverte, p. 101, ou encore « Depuis près d'un siècle, la controverse sur la *« transformation »* des valeurs en prix de production demeure, au sein de la théorie marxiste et à sa périphérie, l'objet d'une vive polémique. L'impossibilité de la vérification simultanée des deux conditions posées au livre II du *Capital : la somme des valeurs égale la somme des prix, la somme des*

prix de production des marchandises produites est égale à la somme de leurs valeurs."[5], ce que nous interprétons de la façon suivante : la somme des productions de toutes les branches évaluées en valeur est égale à ce même agrégat évalué en *prix de production de marché.* Cette nuance apparemment secondaire met en exergue le rôle des quantités de marchandises produites par chaque branche, ce qui est totalement occulté par les auteurs académiques, et évidemment le rôle du montant du capital qui y est investi.

2. L'économie dominante néglige les transferts de valeurs d'une période à l'autre.[6] Nous reconsidérons au contraire la notion de capital fixe comme fondamentale et nous insistons sur la reconstitution des fonds initiaux au moment de la vente des marchandises produites à l'aide de ces moyens de production pour maintenir le potentiel de production intact voire le développer. Ceux-ci sont reconstitués progressivement chaque année durant la durée de vie des biens achetés avec ces fonds (par exemple des machines), indépendamment des méthodes comptables d'amortissement de ces immobilisations (linéaires, dégressives ou dérogatoires). Ceci nous conduit à reconsidérer la notion de *« valeur ajoutée »*, définie généralement comme la différence entre la production totale et les consommations intermédiaires (matières premières, énergie, eau,...), et lui substituer le concept de *« valeur additionnelle »* afin de tenir compte de la valeur transmise des périodes antérieures à la valeur de la production de la période courante[7].
3. La mobilité du capital entre les branches est le fondement du problème, nous montrons que sous cette hypothèse il existe toujours une répartition du capital pour laquelle, simultanément, la somme des productions de toutes les branches évaluées en valeurs est égale à ce même agrégat évalué en *prix de production de marché* et la

---

plus-values égale la somme des profits, est présentée, par les détracteurs de l'analyse marxiste, comme une faille fondamentale. Pour les marxistes eux-mêmes, la question reste épineuse, quelles que soient les positions de repli envisagées », DUMÉNIL G., « De la valeur aux prix de production » Economica,1980, quatrième de couverture.

5. Le *Capital*, Livre III, Tome 1, *Editions sociales*, p. 176

6. « C'est pourquoi l'histoire de la marchandise qui nous est *« racontée »* par les équations des valeurs dans leur écriture sérielle n'est pas l'histoire effective de la marchandise, mais cette même histoire relatée telle qu'elle se serait déroulée si la marchandise, et tous ses antécédents, étaient produits selon les conditions de production du moment. En d'autres termes, et toujours par référence aux valeurs, la marchandise est entièrement réévaluée à chaque instant selon les conditions du moment. » G. DUMÉNIL, 1980, p.56

7. parfois notée *« valeur ajoutée nette »*

somme des plus-values est égale à la somme des profits alors que la théorie dominante juge cela impossible ou le fruit du hasard.

4. Nous montrons aussi que tous les secteurs participent à la détermination du taux de profit général, contrairement à ce qu'affirme le *« corollaire de Bortkiewicz »*.

Dans nos travaux antérieurs nous avons démontré la possibilité du respect des équations dites fondamentales. Dans cet ouvrage nous allons plus loin et nous décrivons les mécanismes qui, dans un système capitaliste caractérisé par un usage massif de capital fixe et dans lequel les mouvements des capitaux entre les branches ne sont pas entravés, font converger les prix courants vers les *"prix de production de marché"*. Pour faire cette démonstration nous faisons appel à un processus itératif (initiée il est vrai par Brody, Morishima et Shaikh dans le cadre de systèmes à capital circulant) mais en utilisant une méthode mathématique nouvelle de calcul des coefficients de transformation (inspirée de la méthode mathématique de Moore-Penrose de résolution de systèmes surdéterminés d'équations).
Les principales conclusions auxquelles nous aboutissons aux termes de cette démarche sont les suivantes :

1. Nous présentons une nouvelle méthode itérative dans laquelle les prix et les quantités sont déterminés alternativement, l'un conditionnant l'autre et réciproquement.

2. Nous réfutons le chemin de croissance optimal (dit de von Neumann dans la littérature économique) selon lequel tous les secteurs croissent à un taux optimal (par ailleurs égal au taux de profit) et où les taux de surplus sont identiques dans toutes les branches. Ce cas est présenté comme la seule solution envisageable au problème de la transformation. Nous montrons qu'en réalité il ne s'agit que d'une solution particulière qu'il convient de dépasser en exposant toutes les autres solutions possibles à l'aide de la méthode nouvelle évoquée ci-dessus (par exemple nous montrons que lorsque l'on considère une économie formée de trois branches les solutions appartiennent à une courbe presque linéaire dans l'espace à trois dimensions). Il est ainsi mis fin à l'idée que la transformation des valeurs en prix de production n'est possible que dans le régime de croissance dit de von Neumann.

3. Par ailleurs nous discutons ce que Sweezy nomme le corollaire de Bortkiewicz [62]. Selon celui-ci le taux de profit dépend exclusivement des branches dites fondamentales et est indépendant de la production de biens de luxe. Dans le chapitre où est étu-

diée une économie formée de cinq branches, nous admettons que les branches qui produisent l'énergie et les matières premières fournissent uniquement les quantités nécessaires pour satisfaire les besoins de la période. Nous examinons ensuite tous les cas possibles entre deux cas extrêmes. Dans le premier les capitalistes remplacent seulement les immobilisations usées et consomment toute la plus-value excédentaire (reproduction simple) et dans le deuxième cas ils accumulent toute la plus-value et ne consomment pas de biens de luxe (accumulation optimale). Puis nous montrons qu'entre ces deux possibilités il existe une infinité de cas pour lesquels la transformation des valeurs en prix de production est possible mathématiquement. Le corollaire de BORTKIEWICZ est mis en défaut.

Dans cet ouvrage, pour la première fois est expliqué le mouvement séculaire et paradoxal des capitaux des branches à faible intensité capitalistique (l'agriculture) vers celles qui sont à forte intensité capitalistique (l'industrie), en application de la loi de la valeur. Nous avons aussi tenu compte des transferts de valeurs d'une période à l'autre, des mouvements des capitaux vers les activités les plus rentables, des modifications de la répartition du capital, de la péréquation de la plus-value entre les branches et des transferts de valeurs entre branches en fonction de la composition organique du capital. La nouvelle solution proposée au problème de la transformation des valeurs en prix de production est plus générale que les précédentes. Elle permet de traiter des situations d'équilibre mais aussi de déséquilibre et surtout elle nous semble conforme à l'esprit, aux hypothèses et aux résultats de l'auteur du *Capital.*

Remerciements

Nous souhaitons dédier ce livre à Samir AMIN (1931-2018), éminent économiste, auteur d'une trentaine d'ouvrages, figure de proue du mouvement altermondialiste et marxiste, qui nous fit l'honneur de s'intéresser à nos recherches et avec qui j'avais commencé au printemps 2018 une période de travail qui donna lieu à un commentaire élogieux de nos travaux publié sur son blog ([2] quelques temps avant son décès le 13 août 2018.

Nous remercions les nombreuses personnes qui nous ont aidées dans nos travaux et en particulier François MORIN *"L'économie politique du XXIe siècle"* [43] et Jean-Marie HARRIBEY *"La richesse, la valeur et l'inestimable"*,[19] qui proposent de modéliser autrement l'économie en la basant non sur la valeur-capital mais la valeur-travail.

Ce livre n'aurait pas pu être écrit sans internet et la mise en ligne par des personnes, des universités et des organismes non lucratifs de textes d' économistes et les mettent ainsi à la portée des chercheurs indépendants. Qu'ils en soient remerciés.

Les recherches présentées dans ce livre ont été réalisées en utilisant divers logiciels libres ou gratuits tels que TEX, Lyx, Scilab, Xcas, Labview. L'auteur remercie les développeurs de ces logiciels.
Nous remercions aussi Norbert ANKRI pour son aide précieuse à l'usage du logiciel LABVIEW.

Et je remercie également et par avance le lecteur en espérant qu'il trouvera dans ce livre matière à réfléchir sur les lois d'évolution de notre monde.

Cette recherche n'a reçu aucune subvention spécifique d'un organisme de financement du secteur public ou privé.

Notations

Dans cet ouvrage nous utilisons les notations suivantes :

$A_i =$ le montant de la dotation aux amortissements durant une année des éléments qui ont été acquis avec le capital fixe (bâtiments, machines) dans la branche « i », à ne pas confondre avec la récupération du capital fixe,

$a_i =$ la proportion (en %) des dotations amortissements par unité de capital engagé, $a_i = A_i/K_i$,

$e_i =$ le taux de plus-value,

$D_i =$ le montant de la récupération du capital fixe évalué en monnaie (euros) pour une période de production,

$d_i =$ le montant de la récupération du capital fixe ramené à une unité de capital,

$F_i =$ le total du capital fixe engagé dans la branche i, $F_i = K_i * f_i$

$f_i =$ la proportion (en %) de capital fixe dans une unité de capital,

$C_i =$ le total des consommations intermédiaires acquises avec du capital circulant dans la branche i, $C_i = K_i * c_i$,

$c_i =$ la proportion de capital constant circulant (en %) dans une unité de capital,

$V_i =$ le capital variable qui permet d'acquérir les forces de travail dans la branche i, $(V_i = K_i * v_i)$,

$v_i =$ la proportion de capital variable (en %) dans une unité de capital,

$\mu_i =$ la part de capital variable (en %) de la branche i par rapport au total du capital variable dans l'économie,

$W_i =$ la grandeur de la production de la branche i évaluée en valeur,

$P_i =$ la grandeur de la production de la branche i évaluée en prix de production de marché,

$x_i =$ le coefficient de transformation de la branche i, $x_i = P_i/W$,

s_i ou $m_i =$ la plus-value dans la branche "i" par unité de capital,

$\pi =$ le taux de profit, (en %),

r = le taux de rentabilité, (en %),

$g_i =$ la composition organique de la branche i, $g_i = (F_i+C_i)/V_i$,

G = la composition organique sociale,

$K_T =$ la grandeur totale du capital engagé dans toutes les branches en euros, $K_T = \Sigma K_i$

$K_i =$ la grandeur du capital engagé dans la branche i en euros,

$k_i =$ la part (en %) du capital engagé dans la branche "i" par rapport au capital total engagé dans l'économie,

$\Lambda_i =$ le vecteur des valeurs,

$Y_i =$ la grandeur de la production de la branche i en euros.

Table des matières

1. Introduction

Au cours de sa vie toute personne accumule une quantité phénoménale de connaissances qu'heureusement la salutaire capacité humaine à classer, trier et oublier permet de limiter. Il existe deux grandes catégories de savoir : la première regroupe les connaissances transmises par autrui et la seconde les compétences acquises.

La première catégorie regroupe tout ce que les tiers ont transmis : la famille dès la prime enfance, le système scolaire qui nous a enseigné durant les années d'enseignement primaire, secondaire et supérieur, les organismes de formations ultérieures durant votre carrière professionnelle, etc.. Il s'agit de ce que la société estime être le meilleur de ce qu'un individu doit savoir pour remplir telle ou telle fonction sociale (ouvrier, technicien, ingénieur, dirigeant, actionnaire, enseignant, policier, militaire, médecin, juriste, expert-comptable, banquier, rentier, etc.). Ces connaissances sont triées par les classes dominantes et ses gouvernants pour maintenir au mieux l'état actuel de la société.

La deuxième catégorie de savoir concerne les connaissances acquises par l'individu. Il s'agit du fruit de l'expérience singulière, des éléments qui résultent de la réflexion personnelle ou collective et des conclusions des démonstrations scientifiques, c'est-à-dire universelles et reproductibles, que vous avez pris la peine de vérifier et de valider, ou de rejeter quand les démonstrations proposées ne sont pas convaincantes. Ce sont bien souvent des éléments que les institutions scolaires et universitaires "oublient" d'enseigner car elles sont fréquemment suspectées de pouvoir porter atteinte à la pérennité du système économique et social dominant dans la formation sociale dans laquelle vous vivez.

Madame Joan Robinson (1903-1983), figure marquante de l'École de Cambridge (UK) et du post-keynésianisme, formée à la théorie néoclassique d'Alfred Marshall critiqua la notion de fonction de production, mettant en doute qu'il fut possible de mesurer le capital en quantités physiques indépendamment de la répartition, du taux d'intérêt et des prix. Si l'on note C la quantité de capital dans la fonction de production, quelle est l'unité de mesure de C, questionne-t-elle ? Face à cette question embarrassante un étudiant lors d'un examen oral va se précipiter vers la question suivante, dans l'espoir que son examinateur oubliera de demander en quelles unités C est mesuré et avant qu'on ne lui redemande, il sera peut-être devenu professeur, et évitera de traiter ce sujet épineux. Ainsi seront transmises d'une génération à l'autre les imprécisions conceptuelles de la théorie académique. ([53], p. 81)

Il existe bien d'autres domaines de la théorie dominante où l'imprécision conceptuelle est transmise d'une génération à l'autre. Nous pensons évidemment ici à la théorie des prix.

En ce début du XXIe siècle, les principaux modèles de calcul des prix se déclinent en deux versions principales : la première est d'inspiration néoclassique (souvent monétariste) et la seconde est post-keynésienne. Ces deux corps de doctrine se sont affrontés au XXe siècle dans ce qu'il convient d'appeler la querelle de deux CAMBRIDGE (HARCOURT[18]) mais ont convergé avec la synthèse post keynésienne (SAMUELSON, MORISHIMA, ROBINSON, SETON, SRAFFA, etc.) qui suivit, dans un cadre conceptuel unique où nous retrouvons les principales hypothèses de la théorie néoclassique, la critique de MARX et du « marxisme traditionnel » ([31], chapitre 1). Elle prétend être à la fois le fondement de la théorie post-keynésienne et marxienne. Ce dernier, nommé *marxien*[1] est principalement caractérisé au niveau théorique par le rejet de la valeur-travail, de la transformation des valeurs en prix de production, de la baisse tendancielle du taux de profit, et, évidemment, le refus de toute transformation du capitalisme (tant au niveau théorique que politique).

Ce livre n'examine qu'un aspect de cette vaste question, la relation entre la valeur créée par le travail humain et la reconnaissance sociale, c'est-à-dire dans une société marchande son expression monétaire (le prix). Son objet est une critique des théories dominantes qui prétendent à la fois dépouiller les recherches alternatives de leurs aspects « métaphysiques » (J. ROBINSON [52]) et de les phagocyter au sein d'un cadre conceptuel qui se rapproche dangereusement de celui de la théorie néoclassique au sein d'une formalisation algébrique inadaptée.. (Ludo CUYVERS[8]).

1. Selon Wikipédia *"Les marxiens sont des militants, théoriciens, penseurs qui se réclament des apports de* KARL MARX *tout en se démarquant du marxisme* TRADITIONNEL. *Se disent "marxiens" ceux qui n'adhèrent pas aux marxismes, mais qui se réclament de la méthode de* MARX, *une méthode qui permet de comprendre ce qui est au cœur du capitalisme ; une autre définition d'une approche "marxienne" regroupe les personnes qui délaissent le côté militant et politique du marxisme pour se concentrer sur sa méthode scientifique d'analyse."*

Certains auteurs affirment que *« l'économie classique »* (Smith, Ricardo, Mill) a porté plus d'attention sur l'aspect offre du marché au détriment de l'aspect demande. Il est fréquemment affirmé qu'ils furent dans l'erreur en prétendant que les prix de vente de marchandises pouvaient être expliqués uniquement par les coûts de production, principalement le coût en travail, sans référence à la demande.

Selon la théorie néoclassique qui domine dans le monde occidental où l'économie officielle exerce une hégémonie intellectuelle sans partage, la valeur est déterminée dans l'esprit des individus qui participent au marché. Le plaisir (l'utilité) ou la pénibilité (désutilité) sont les principaux facteurs qui fondent la valeur des marchandises. Le prix de marché est la mesure de la valeur subjective attribuée par les individus aux marchandises et résulte de la confrontation harmonieuse des acheteurs et des vendeurs sur le marché.

Le coeur de la théorie post-keynésienne est une théorie des prix. Le modèle post-keynésien établit simultanément les prix relatifs, le taux de profit et les salaires à l'aide d'un système homogène d'équations linéaires de production, indépendamment de la demande. Elle trouve ses racines dans l'économie politique classique (Smith, Ricardo, Mill) pour qui l'économie politique est la science qui explique la création et la répartition des richesses entre les classes sociales (les salariés, les capitalistes et les rentiers), et se présente comme une alternative à la théorie néo-classique, aujourd'hui dominante. Cette école de pensée pose généralement l'hypothèse que le système économique produit un surplus de marchandises au-delà des consommations intermédiaires du secteur productif. Ce surplus est partagé entre salaires et profits, ces derniers sont accaparés par les propriétaires classe des moyens de production. Le partage de ce surplus est une source importante de conflits entre les classes sociales alors que l'école néoclassique nie toute opposition entre les individus et voit une harmonie entre les personnes (homo économicus) qui agissent sur les marchés. Le paradigme post-keynésien repose sur une conception théorique qui est une théorie des prix, une théorie de la distribution et une théorie de l'investissement. Cette école doctrinale pense (à tort selon nous) pouvoir aussi représenter le courant marxiste, une fois celui-ci dépouillé de ses aspects métaphysiques, c'est-à-dire réduit au courant *marxien*. Il n'en est rien.

Le courant marxiste est pluraliste et hétérogène mais il trouve ses origines dans les écrits de ses fondateurs, principalement Engels et Marx.

Nous nous référons à leurs écrits et étudions principalement leurs textes économiques, sans pour autant négliger les apports des auteurs contemporains. Le coeur de théorie des prix dans l'oeuvre de MARX, qui couvre un champ théorique beaucoup plus large que la simple question des prix, est la relation entre valeur créée par le travail humain, c'est-à-dire une *"dépense de force de travail humaine"*[2] et son expression monétaire, connexion qu'il hérite des auteurs classiques mais modifie substantiellement. Dans une démarche historique il établit des "*prix absolus*" ([28]) qui représentent généralement non pas les prix unitaires des marchandises mais les grandeurs des productions des branches, un taux de profit et des salaires, en tenant compte de la demande, qu'il nomme *"besoin social"*, et de la concurrence des capitaux. Elle trouve ses racines dans la *critique* de l'économie politique classique du XIXe siècle[3] et se présente comme une approche scientifique qui décrit des lois d'évolution en vue de transformer le mode capitaliste et de construire une société sans classes sociales. Cette école de pensée pose généralement l'hypothèse que le système économique produit un surplus de marchandises au-delà des consommations intermédiaires du secteur productif (capital circulant), du remplacement des moyens de production (machines, bâtiments et autre outils de travail usés durant l'année) et des besoins fondamentaux des salariés productifs. Ce surplus naît dans la sphère de la production et est approprié par la classe sociale qui détient la propriété des moyens de production. Le partage entre salaires et profit ne se résume pas à un partage d'un surplus dont on ignore l'origine entre salaires et profit, et constitue une source importante de conflits entre les classes sociales. La contradiction qui oppose les possédants des autres catégories socio-économiques ne peut être résolue que par le dépassement du système capitaliste. Le modèle théorique de MARX repose sur une conception des prix en étroite relation avec le concept de valeur, la relation entre ces deux notions (qu'il nomme *"transformation"*) est fondamentale dans son analyse. Ce modèle repose aussi sur une théorie de l'accumulation du capital et d'un accroissement inéluctable des inégalités de patrimoines et de revenus entre les classes sociales (paupérisation des catégories sociales productives, des salariés, des paysans, des artisans, etc.) et les catégories possédantes (propriétaires fonciers, rentiers,

2. *"Sous ce nom de force de travail, il faut comprendre l'ensemble des propriétés physiques et intellectuelles qui existent dans le corps d'un homme, dans sa personnalité vivante et qu'il doit mettre en mouvement pour produire des choses utiles"*. MARX, Le Capital, Livre I, tome I, Editions Sociales, p. 170.

3. Elle n'en est pas la continuation mais procède à un certain nombre de ruptures vis-à-vis de ce courant de pensée

capitalistes, financiers, etc.), lois d'évolution du système capitaliste qui sont d'une grande actualité en ce XXIe siècle débutant.

Modéliser ce courant de pensée dans un modèle mathématique pose de grandes difficultés. L'utilisation de modèles linéaires d'équations homogènes n'est pas totalement satisfaisante. Comment mettre en équation le mouvement des concepts et la notion de contradiction ? Dans ce livre nous développons une méthode (issue des travaux des mathématiciens MOORE et PENROSE) de résolutions de systèmes surdéterminés d'équations linéaires, réputés insolubles, et nous établissons non pas des solutions uniques mais des espaces de solutions qui laissent la place à des choix de société.

Les crises des subprimes de 2007-2008 et de 2020 (cette dernière était en germe depuis des mois mais a été révélée par la pandémie du coronavirus) illustrent l'absence d'autorégulation du système capitaliste globalisé dans sa phase néo-libérale par le marché. Elles ont relancé l'intérêt porté aux théories de MARX orientées vers la compréhension des lois d'évolution du système capitaliste, bien que les économistes académiques considèrent généralement que sa théorie de la valeur est entachée d'une incohérence interne insurmontable[4] que stigmatise le problème dit de *la transformation des valeurs en prix de production.* Il y a quarante ans, A. SHAIKH[58], un bon connaisseur de cette question, s'étonnait déjà que le *« tristement célèbre problème de la transformation »* n'ait jamais été résolu d'une façon satisfaisante. Un siècle et demi après la publication du livre I du *Capital* de MARX nous pourrions dresser le même constat et cela pour plusieurs raisons.

1. La définition d'une relation entre la valeur du travail humain et son expression monétaire a une dimension idéologique forte, elle est le révélateur de nombreux clivages fondamentaux. Jusqu'aux années 1990 admettre qu'il existait une solution à ce problème était interprété comme une adhésion aux valeurs et aux excès du régime soviétique. Inversement affirmer l'incohérence entre le livre I et le livre III du *Capital* de MARX était (et est encore) considéré comme un gage d'adhésion aux valeurs (et aux excès) du système capitaliste. La fin de la *« guerre froide »* a pu faire espérer que le débat (re) viendrait sur le terrain de la science économique. En tout état de cause, la fin de la « guerre froide » remportée par le bloc occidental et la disparition de l'Union Soviétique ont

4. Cette thèse est contestée et réfutée par de nombreux auteurs, notamment par KLIMAN[25].

marqué l'échec d'une tentative d'alternative au capitalisme, quel que soit par ailleurs le jugement que l'on porte sur cette expérience historique, mais ces faits n'ont pas supprimé l'antagonisme fondamental entre le Travail et le Capital au sein de la société capitaliste. Les lancinantes questions de l'origine du profit, de l'explication des prix à partir de la valeur créée par le travail des humains et de la transformation de ces valeurs en prix de production demeurent en ce début du XXI e siècle. Dans cet ouvrage nous prétendons nous positionner sur le terrain de la recherche fondamentale, en introduisant une méthode nouvelle de calcul des prix dans des situations de déséquilibre (issue la méthode mathématique de MOORE-PENROSE de résolution de systèmes surdéterminés) et en l'appliquant à des systèmes bilinéaires avec capital fixe dans lesquels le vecteur des prix et la répartition du capital entre les branches sont alternativement calculés de façon itérative. Ces points sont totalement nouveaux dans le domaine des modèles de détermination des prix.

2. La théorie dominante néglige l'examen des mouvements de capitaux entre les branches. L'économiste autrichien L. von BORTKIEWICZ[5] est souvent présenté comme l'auteur qui a résolu définitivement le problème de la transformation. Il mettait en lumière ce que les économistes académiques appellent l'erreur " logico-mathématique " qui permettait à MARX d'affirmer que la transformation des valeurs en prix de production préservait les égalités Somme des prix = Somme des valeurs et Somme profits = Somme des plus-values. L'erreur, évidemment, consiste en ce que MARX *"transforme" les* sorties (les outputs) sans transformer les entrées (les intputs). L. von BORTKIEWICZ propose un modèle de prix de production dans lequel sont déterminés, simultanément, le prix des input et des output et le taux de profit, qui, étant un rapport entre des prix, ne peut être donné par la formule de MARX. De même le maintien des égalités globales évoquées ci-dessus n'est-il plus garanti. Il découle du choix d'un numéraire pour les prix. Dans des articles publiés dans la revue Innovations ([28]) et ([29]) nous avons développé une critique in-

5. Ladislaus von BORTKIEWICZ a publié presque simultanément trois articles sur ce sujet : BORTKIEWICZ, L. von. 1907. *Wertrechnung und Preisrechnung im Marxschen System.* Archiv für Sozialwissenschaft und Sozialpolitik ; I, XXIII (1906), 1-50 ; II, XXV (1907) 10-51, 445 [traduction anglaise : Value and Price in the Marxian System. International Economic Papers 2 (1952) : 5-32] ; III, XXV, (1907), 445-88, [traduction anglaise : Value and Price in the Marxian System. International Economic Papers 2 (1952) : 32-60]. Une traduction française du second article a été publiée par les cahiers de l' ISEA en janvier 1959. Ces articles peuvent être consultés sur notre site `www.laure.van.bambeke.free.fr/`, ainsi que les principaux autres articles cités dans ce texte.

terne[6] à la construction théorique de cet auteur du début du XXe siècle [70] qui prétendait que la méthode de MARX de calcul des prix à partir des valeurs ne pouvait pas être retenue car la procédure proposée n'était pas appliquée aux matières premières et aux « forces de travail » (les inputs) et que les équations dites fondamentales[7] ne pouvaient jamais être respectées simultanément. Or après un examen attentif des écrits de BORTKIEWICz il apparaît que son modèle analytique n'est pas conforme avec cette conclusion et que cette difficulté apparaissait seulement au niveau de ses exemples numériques par des choix de structures du capital avancé incompatible avec le respect des identités citées. Ceci peut être corrigé si l'on admet une mobilité des capitaux entre les secteurs économiques et l'établissement d'une répartition différente du capital social entre les branches de celle qu'il propose, même si l'on évaluait les matières premières et les *« forces de travail »* en prix ([29]. Nous avons ainsi mis en évidence la double dimension du problème de la transformation (détermination simultanée des prix et de la répartition du capital entre les branches)

Nous pensons que cet aspect doit être associé au concept de *prix de production de marché,* notion introduite par MARX dans le chapitre X du Livre III du *Capital,* que nous avons largement examinée dans nos travaux antérieurs ([27], [30] et [31]) et qui associe l'établissement de prix de production (côté offre) et la prise en compte des besoins sociaux (côté demande). Reformulé en termes académiques, nous réintroduisons à travers la modification des capacités de production les effets de l'offre et de la demande dans notre modèle de détermination des prix.

3. La théorie dominante utilise des formalisations inadaptées. Jusqu'à présent les principaux modèles de détermination des prix ont été formalisés par les auteurs académiques sous des formes linéaires simples : détermination des prix connaissant les quantités physiques et les coefficients techniques[8] alors qu'il s'agit, selon nous, d'un problème bilinéaire.

---

6. La notion de critique interne consiste à mettre en évidence une contradiction tout en maintenant les hypothèses de l'auteur. Les principales hypothèses de BORTKIEWICZ sont : la reproduction simple, la transformation des input et des output (transformation totale), l'existence de coefficients de transformations (x,y et z), la mobilité des capitaux entre les branches. Certaines hypothèses secondaires ont été abandonnées notamment sa conception d'un marchandise monnaie (or) produit par la section des biens de luxe. Dans ce cadre il existe toujours une répartition du capital qui permet le respect des égalités (cf Méandres p. 238).

7. La somme des profits dans toutes les branches de production doit être égale à la somme des plus-values et la somme des prix de production est égale à la somme des valeurs.

8. noté $AP(1+r) = P$

Les productions des branches évaluées en prix dépendent de deux facteurs : des valeurs créées par le travail humain et de la répartition du capital entre les branches [9].

4. Alors que l'usage massif de capitaux fixes constitue une caractéristique des régimes capitalistes contemporains, la transmission de valeur des périodes antérieures à la production courante est mal traitée par la théorie dominante (la méthode la plus fréquente est celle de von NEUMANN et adoptée par SRAFFA qui consiste à recalculer à chaque période la "valeur" des immobilisations usées, de façon à maintenir un système analytique homogène avec autant d'inconnues que d'équations et une détermination spécifique du taux de profit. Nous proposons une hypothèse alternative qui est celle d'une récupération progressive par les capitalistes des fonds avancés (sous sa forme argent) par fractions constantes durant la durée de vie des immobilisations acquises avec cette part du capital total. Cette idée se traduit dans nos systèmes analytiques par un terme invariant et par la présence d'un second membre dans le système d'équations (de tels systèmes sont dits réguliers en opposition aux systèmes homogènes qualifiés de singuliers). Cet élément bouleverse la méthode de calcul du taux de profit. Celui-ci ne peut plus être calculé selon la méthode usuelle inspirée des travaux des mathématiciens PERRON-FROBENIUS, c'est-à-dire à partir de la valeur propre de la matrice sociotechnique [10]

Dans nos écrits antérieurs nous avons montré l'existence d'une solution au problème de la transformation des valeurs en prix de production, il convient maintenant de décrire les mécanismes qui, compte tenu de l'importance croissante du capital fixe et des mouvements des capitaux entre les branches vers les activités les plus rentables, font converger les prix courants d'un système capitaliste vers les *prix de production de marché.* Pour faire cette démonstration nous faisons appel à une méthode mathématique nouvelle en économie politique, connue sous le nom de méthode de MOORE-PENROSE, dans le cas de systèmes complets de calcul des prix mais surdéterminés [11]

9. noté $P_i = f(\Lambda_i, K_i)$

10. Pour faire court, dans le cadre d'un système homogène l'équation $AP(1+r) = P$ peut être mise sous la forme $AP = \lambda P$où $\lambda = {}^1/_{1+r})$, il s'agit d'une forme de FROBENIUS. Et en application des théorèmes de ce mathématicien λ est la valeur propre de la matrice A des coefficients sociotechniques et le taux de profit s'en déduit aisément : $r = ({}^1/_\lambda) - 1$.

11. Car composés de n équations de production et de deux équations additionnelles qui caractérisent les contraintes, soit un total de n+2, alors que les inconnues sont au

Dans cet ouvrage nous utilisons le mode opératoire suivant :

1. Dans l'hypothèse d'une transformation totale au sens de SETON [12], les prix de production sont calculés à partir des valeurs par la méthode de MOORE-PENROSE pour une répartition quelconque du capital (par exemple quand le capital dans chaque branche est posé égal à 100 unités). [13]
2. Les prix ainsi obtenus sont considérés comme les prix pratiqués dans l'économie réelle et sont utilisés pour calculer les taux de rentabilité des branches [14].
3. La concurrence des capitaux se manifeste par un transfert de capitaux vers les activités qui sont les plus rentables.
4. Si les taux de rentabilité des branches calculés précédemment sont différents, une fraction du capital est transférée vers les activités dont les rentabilités sont les plus élevées et la répartition du capital en est modifiée.
5. Les prix et les taux de rentabilité sont recalculés sur l'hypothèse de cette nouvelle répartition du capital entre les branches.
6. L'itération est poursuivie jusqu'à ce que les écarts de rentabilité entre les branches sont devenus négligeables ce qui met un terme aux mouvements de capitaux.
   Nous constaterons alors que la méthode directe de calcul des prix à partir des valeurs devient pertinente.

Cet ouvrage est composé de deux parties selon le plan suivant.

Dans une première partie intitulée *"Valeurs et prix, capital fixe et mouvements des capitaux"* nous abordons trois questions :

1. Dans un premier chapitre nous survolons les principales interprétations de la relation entre la valeur créée par le travail humain et son expression monétaire, le prix, quand s'établit un taux de profit unique dans les différentes branches (chapitre 2). Autrement formulé, comment obtenir un taux de profit égal dans toutes les branches en application de la loi de la valeur ?

---

nombre de n+1 (n prix absolus et le taux de profit).

12. C'est-à-dire en transformant aussi les valeurs des matières premières (les inputs) en prix comme le préconise L. VON BORTKIEWICZ,[68]

13. Première étape d'un processus itératif selon MORISHIMA ou SHAIKH.

14. La rentabilité étant définie comme la différence entre les ventes évaluées en prix courants et les consommations intermédiaires elles aussi évaluées en prix courants et la récupération du capital fixe

2. Le capitalisme contemporain est caractérisé par une utilisation massive de moyens de production financés par du capital fixe. Négliger le capital fixe dans un système de détermination des prix n'est plus acceptable aussi approfondissons-nous cette question au regard des cycles du capital (chapitre 3) et proposons une nouvelle approche qui consiste à considérer le capital fixe non pas sous son aspect marchandises et de l'amortissement comptable des immobilisations concernées mais sous l'aspect de la reconstitution progressive des fonds qui ont permis de financer l'acquisition de ces immobilisations. Nous exposons les conséquences de cette nouvelle approche du capital fixe sur le calcul du taux de profit (chapitre 4) et nous insistons sur la notion de reconstitution du capital initial.
3. Dans le chapitre 5 nous présentons une analyse nouvelle de la question de la rotation du capital et nous proposons un retraitement approprié du montant du capital engagé qui intervient dans le calcul du taux de profit.
4. Nous présentons ensuite la question des mouvements des capitaux entre les branches (chapitre 6) et les conséquences des modifications de la structure du capital sur les identités remarquables (que nous formulons ainsi : *la production totale de toutes les branches a la même grandeur qu'elle soit calculée à l'aide des valeurs ou des prix de production et la somme des profits est égale à la somme des plus-values*), sur le taux de profit et sur les prix de production.
5. Nous consacrons le chapitre 7 qui clos cette première partie à la résolution des systèmes surdéterminés. Tenir compte des contraintes de MARX au sein du système analytique de détermination des prix à partir des valeurs conduit à un modèle qui possède plus d'équations que d'inconnues, il est dit surdéterminé. Un problème mathématiquement surdéterminé qui n'a pas de solution au sens classique du terme mais possède toujours une solution approchée au sens de la méthode des moindres carrés. Dans ce chapitre nous montrons le caractère surdéterminé du problème de la transformation des valeurs en prix de production quand celui-ci est formalisé par un système complet d'équations qui incorpore les conditions sociotechniques de production et les fameuses contraintes. Puis nous présentons succinctement la méthode mathématique de résolution des systèmes dits surdéterminés de MOORE et PENROSE. Ceci nous permet d'élaborer le mode opératoire qui sera mis en oeuvre dans la deuxième partie de cet ouvrage.

Dans une deuxième partie intitulée *"La refondation de l'expression moné-*

taire de la valeur du travail humain" nous présentons des systèmes analytiques et des exemples numériques pour des économies formées par deux, trois, quatre et enfin cinq branches. Nous appliquons notre mode opératoire à un modèle complet de détermination des prix à partir des valeurs (c'est-à-dire formé des équations de production et des deux contraintes) et nous nous proposons de le résoudre avec la nouvelle méthode de résolution des systèmes surdéterminés et ainsi d'établir des prix courants. Nous admettons ensuite que les prix ainsi calculés sont les prix effectivement utilisés lors des échanges des marchandises. Les rentabilités sont calculées dans toutes les branches. Si la situation est déséquilibrée, apparaissent des écarts de rentabilité qui engendrent des transferts de capitaux vers les activités les plus rentables. La structure du capital engagé est modifiée et une nouvelle itération du processus de calcul des prix est réalisée. Un point d'équilibre est atteint après de nombreuses itérations lorsque la répartition du capital devient efficiente et que les deux égalités, réputées inconciliables et contradictoires, sont simultanément satisfaites.

1. Dans le chapitre 9 intitulé *"Une nouvelle méthode itérative"*, nous exposons un premier exemple avec seulement deux branches. Il nous fournit l'opportunité de présenter une nouvelle méthode itérative dans laquelle les prix et les quantités sont déterminés alternativement.
2. Dans le chapitre 10 nous présentons un exemple formé de trois branches. Il nous permet de réfuter le *"chemin de croissance optimal"* selon lequel la transformation n'est possible que si toute la plus-value est accumulée (pas de consommation de biens de luxe), si tous les secteurs croissent à ce taux optimal et si les taux de surplus sont identiques dans les branches (VON NEUMANN et MORISHIMA). Notre modèle analytique nous permet de mettre en évidence toutes les solutions au problème de la transformation mathématiquement possibles. Il est montré que celles-ci appartiennent à une droite de l'espace à trois dimensions ce qui concrètement signifie que la solution n'est pas unique. Il est ainsi mis fin à l'idée que la transformation n'est résolue que dans le régime de croissance de von NEUMANN. Nous proposons ainsi une généralisation du problème de la transformation.
3. Les troisième et quatrième exemples sont complémentaires et sont regroupés dans le chapitre 11 dans lequel nous discutons le corollaire de von BORTKIEWICZ. Dans le modèle utilisé nous admettons que les branches qui produisent l'énergie et les matières pre-

mières fournissent uniquement les quantités nécessaires pour satisfaire les besoins de la période des branches fondamentales. Dans ces branches la production est réalisée sans surplus ; le surplus social est ainsi formé uniquement de moyens de production et de bien de luxe. Nous établissons ensuite deux cas extrêmes. Dans le premier les capitalistes remplacent seulement les immobilisations usées et consomment toute la plus-value excédentaire (reproduction simple). Dans le deuxième cas extrême les propriétaires des moyens de production accumulent toute la plus value et ne consomment pas de biens de luxe (accumulation optimale dans le cadre d'une reproduction élargie). Entre ces extrêmes il existe évidemment une infinité de cas pour lesquels la transformation est possible. Il est remarquable que pour chacun de ces cas les taux de profit sont différents. Le corollaire de BORTKIEWICZ, selon lequel seuls les secteurs fondamentaux déterminent le taux de profit et que la branche des biens de luxe n'a pas d'effet sur la grandeur de celui-ci, est ainsi définitivement mis en défaut.

Première partie

Valeurs et prix, capital fixe et mouvements des capitaux

2. L'expression monétaire de la valeur

Dans ce chapitre nous examinons les principales interprétations de la relation entre la valeur créée par le travail humain et son expression monétaire. Nous proposons ici un survol des textes qui ont été présentés et analysés dans notre livre de 2013, [31] et auquel le lecteur peut se référer pour de plus amples explications.

Dans les années 1970 l'économiste hongrois *Andras* BRODY auteur de l'ouvrage « *Proportions, prices and Planning* » faisait justement remarquer « *qu'il n'est pas possible de trouver une définition rigoureuse du problème [de la transformation des valeurs en prix de production] qui puisse être acceptée par tous.* » ([5], p. 88). Ceci reste vrai de nos jours aussi allons-nous présenter les principales définitions proposées sur ce sujet. Le défi consiste à démontrer comment en application de la loi de la valeur il peut se former un taux de profit égal dans toutes les branches qui composent une économie et dans quelle mesure les prix en sont modifiés.

Gilles DOSTALER, l'auteur de l'excellent ouvrage « *Valeur et prix, histoire d'un débat* », [11] résume la vision académique :

> *"Dans le troisième livre du Capital,* MARX *montre comment la concurrence entre les capitaux nécessite la "transformation" des valeurs en prix de production, de manière à établir l'égalité des taux de profit. Soit, pour illustrer simplement cette question,* C_i, V_i *et* P_i *respectivement le capital constant, le capital variable et la plus-value dans la branche « i » pour une période d'une durée donnée durant laquelle on suppose, pour simplifier, que la totalité du capital constant est consommée. Le taux de plus-value, noté e, est constant pour tout « i » et « donné » de l'extérieur, par l'état de la lutte des classes et la productivité des entreprises de biens salariaux. La valeur de la production de la branche « i » est alors donnée par :* $W_i = C_i + V_i + Pl_i$*. Quant au prix de production*

> *de la branche « i », il est donné par :* $P_i = (C_i + V_i)(1 + r)$, *où r, le taux de profit uniforme de l'économie, est donné par* $r = {}^{\Sigma Pl_i}/_{\Sigma C_i + \Sigma V_i}$. *Cette « solution » de* MARX *a été critiquée, dès 1896, par* EUGEN BOHM-BAWERK [67], *qui voyait là une « grande contradiction » entre le premier et le troisième livre du Capital, sonnant le glas du marxisme. Plus sympathique à* MARX, *Michael* TUGAN-BARANOWSKY [65] *puis* Ladislaus BORTKIEWICZ [68, 70], *mettaient en lumière l'erreur « logico-mathématique » qui permettait à* MARX *d'affirmer que la transformation des valeurs en prix de production préservait les égalités Σ prix = Σ valeurs [et] Σ profits = Σ plus-value. L'erreur, évidemment, consiste en ce que* MARX *« transforme » ses output sans transformer ses input. En s'appuyant sur les travaux de l'économiste russe V. K.* DMITRIEV [9], BORTKIEWICZ *propose un modèle de prix de production dans lequel sont déterminés, simultanément, le prix des input, celui des output et le taux de profit, qui, étant un rapport entre des prix, ne peut être donné par la formule de* MARX. *De même le maintien des égalités globales Σ prix = Σ valeurs et Σ profits = Σ plus-value n'est-il plus garanti. Il découle du choix d'un numéraire pour les prix."*[1]

Avant d'examiner comment les principaux auteurs envisagent la relation entre la valeur du produit du travail et son expression monétaire, quelques remarques préliminaires seront formulées :

1. La théorie académique suppose généralement *« pour simplifier, que la totalité du capital constant est consommée »* en une seule période. Nous devons nous interroger sur la signification et les conséquences de cette hypothèse. Peut-on la maintenir alors que la phase actuelle du capitalisme se caractérise principalement par une formidable accumulation de moyens de production dont la durée de vie dure plusieurs exercices.
2. Nous sommes en présence de deux définitions du taux de profit. La première est celle de MARX : le taux de profit est le rapport entre la masse de plus-value créée par une économie sur le capital total avancé. La seconde est celle des auteurs académiques que nous distinguons radicalement de la première en l'appelant *« taux de rentabilité »*. Comment est-il défini et comment est-il calculé ?

1. *L'Actualité économique,* vol. 58, n° 1 2, 1982, p. 95114 pages 106 - 7

3. Les consommations intermédiaires (les inputs) selon cette formalisation sont évaluées en valeur les productions (les outputs) en prix de production. Que faut-il en penser ?
4. Qu'en est-il de l'erreur « *logico-mathématique* » attribuée à MARX ? Est-ce vraiment une erreur ? Est-il possible de la dépasser ?
5. Lorsque l'on parle des égalités globales la somme des prix = la somme des valeurs et la somme des profits = la somme des plus-values, de quoi s'agit-il ? Faut-il entendre que la somme des prix unitaires = somme des valeurs unitaires, soit $\sum \lambda_i = \sum p_i$, ou faut-il comprendre que la somme des productions de toutes les branches évaluées en valeurs est égale à ce même agrégat évalué en prix de production de marché[2] ? Autrement exprimé, ne faut-il pas tenir compte du poids relatif de chaque branche dans l'économie ?
6. Nous nous interrogeons enfin sur la pertinence de la méthode mathématique selon laquelle sont déterminés, simultanément, le prix des consommations intermédiaires (les inputs), ceux des productions (les outputs) et le taux de profit. Ne faut-il pas aussi tenir compte du temps, toutes les marchandises n'étant pas produites et utilisées durant la même période ? En particulier les marchandises achetées avec les moyens financiers que l'on nomme « *capital fixe* » (les bâtiments, les moyens de productions et les machines), non seulement sont utilisées durant plusieurs exercices mais en outre sont généralement produites et achetées avant leur utilisation. Ne faut-il pas articuler autrement diachronie et synchronie ?
7. La problématique du choix du numéraire (qui a été clairement résumée par SETON[57] dans les systèmes à capital circulant) comme seule solution de la contradiction évoquée ne doit elle pas être élargie ? Ne faut-il pas tenir compte des transferts de valeur en provenance des périodes antérieures à la période présente et des flux de capitaux entre les branches qui composent le système examiné alors qu'il semble qu'il y a unanimité des commentateurs pour dire que les transferts de capitaux entre les activités sont à l'origine de la tendance à l'établissement d'un taux de profit uniforme dans toutes les branches ? Pourquoi n'introduisent-ils généralement pas ces transferts dans leurs systèmes analytiques ?

Telles sont les principales questions que nous proposons d'approfondir dans cet ouvrage.

2. Noté $\sum w_i k_i = \sum w_i x_i k_i$ où x_i est le vecteur colonne des coefficients de transformation et k_i le vecteur colonne des montants des capitaux engagés dans les branches

2.1. La relation entre l'expression monétaire de la valeur du travail et les prix

Voici comment ENGELS posait le problème en 1893 :

« D'après la loi ricardienne de la valeur, deux capitaux qui emploient du travail vivant de même quantité et payé au même prix, toutes choses égales par ailleurs, produisent en des temps égaux, des produits de valeur égale, ainsi que de la plus-value ou du profit d'un montant égal. Mais s'ils emploient des quantités inégales de travail vivant, ils ne peuvent produire une plus-value ou, pour employer la terminologie des ricardiens, un profit d'un montant égal. Or c'est l'inverse qui se présente. Dans la réalité, des capitaux égaux, quelle que soit la quantité de travail vivant qu'ils emploient, produisent en moyenne, en des temps égaux, des profits égaux. Nous nous trouvons donc ici devant une contradiction déjà constatée par RICARDO *et que son école n'a pu davantage résoudre. »* Le problème consisterait à démontrer *« comment, sans violation de la loi de la valeur et, au contraire, par application de cette loi, il peut et doit se former un égal taux de profit moyen. »* [3]

« On appelle prix de production d'une marchandise le prix obtenu en ajoutant à son coût de production cette portion de profit moyen annuel sur le capital investi (et non seulement consommé) dans la production de la marchandise qui est allouée au capital en relation avec ses conditions de rotation. » [4]

> Outre le taux d'exploitation, pour MARX *«le taux général de profit est donc déterminé par deux facteurs : 1. Par la composition organique des capitaux dans les diverses sphères de production, partant par les divers taux de profit des sphères particulières ; 2. Par la répartition de la totalité du capital social dans ces différentes sphères, donc par la grandeur relative du capital investi dans chaque sphère particulière»* [5].

Au fil des débats qui se sont déroulés tout au long du XXe siècle la définition du problème a évolué. Selon DOBB[10], il s'agirait d'établir si les prix de production de MARX sont déductibles des valeurs, lesquelles sont

3. Préface au Livre deuxième du *Capital*, 15 juillet 1893, Editions Sociales, p. 24
4. Livre Troisième du *Capital*, Editions Sociales,, tome 1, p. 174.
5. Idem, tome 1, p. 179.

proportionnelles aux quantités de travail socialement nécessaire pour la production des marchandises, une fois que l'on connaît la composition organique du capital [6]de chaque branche.

Par ailleurs selon SAMUELSON[55] le problème consisterait à rechercher une règle générale (un algorithme) qui transformerait *"les valeurs"* des marchandises en *"prix compétitifs"* du marché, dans le cadre de systèmes à capital circulant.

Plus récemment DUMÉNIL[12]*et* FOLEY ont proposé une interprétation alternative qualifiée au siècle dernier de « nouvelle », selon laquelle *"le problème de la transformation concerne la théorie de la valeur-travail et l'égalisation concurrentielle du taux de profit."*

Le *Temporal Single-System Interpretation (Le TSSI* représenté par CARCHEDI, FREEMAN et KLIMAN) estime que le problème de la transformation concerne la relation entre les valeurs et les prix. Plus précisément, s'il est possible de maintenir les deux égalités agrégées : la somme des prix est égale à la somme des valeurs, et la somme de la plus-value est égal à la somme des profits. Pour ces auteurs le prix des consommations intermédiaires (les input) ne sont pas déterminés simultanément aux prix des produits (les outputs) mais successivement et ne sont donc pas nécessairement égaux. Les « valeurs » et les « prix » forment un seul système et sont déterminés de façon interdépendante, même si ces deux concepts demeurent distincts. [24]. Les auteurs qui se réclament du *TSSI* ont démontré qu'il est possible de maintenir les deux égalités globales et qu'ainsi disparaît le « problème » de la transformation [25].

Ce survol, évidemment non exhaustif, met en évidence deux caractéristiques très controversées : d'un côté l'explication du taux de profit à partir du taux d'exploitation, des compositions organiques des branches, de la répartition du capital avancé entre celles-ci et des conditions de la rotation du capital, et l'établissement d'un taux de profit identique dans toutes les branches. Est-ce que ces deux aspects sont contradictoires ou complémentaires ; là réside la question ?

---

6. La composition organique du capital est égale au rapport du capital constant (C_i) sur le capital variable (V_i), et notée $G_i = C_i/V_i$. *« Nous appelons composition organique du capital sa composition de valeur dans la mesure où cette dernière est déterminée par sa composition technique et la reflète »*,[38], p. 162-3.

2.2. Évolution de la problématique

Tout semble avoir débuté avec la critique formulée par BOHM-BAWERK [66] selon laquelle des contradictions existeraient entre le livre I, dans lequel les prix sont égaux aux valeurs, et le livre III du *Capital*, dans lequel les prix sont calculés selon une autre méthode (les prix de production). Puis vinrent TUGAN-BARANOVSKY, Von BORTKIEWICZ, MEEK, SETON, WINTERNITZ, MORISHIMA, OKISIO, SAMUELSON, SRAFFA, STEEDMAN, SHAIKH, DUMÉNIL, FOLEY, KLIMAN, FREEMAN (Temporal Single System Interpretation) et bien d'autres encore.[7]

La méthode de transformation utilisée par K. MARX est souvent résumée par la formule (C + V) (1 + r) = P, formule dans laquelle les marchandises à gauche de l'équation sont valorisées en valeur (au sens d'une quantité physique de travail socialement nécessaire et supposé homogène, nombre d'heures) et à droite elles sont mesurées en prix de production (au sens d'une quantité de monnaie, ou numéraire, qui permet de rémunérer les capitaux avec un taux identique)[8][11].

TUGAN-BARANOVSKY et von BORTKIEWICZ examinèrent la question dans le cadre de la reproduction simple, le premier dans le sens des prix vers les valeurs (la transformation inverse) et le second dans le sens des valeurs au prix. Toutefois tous les deux définissent des coefficients de transformation comme le rapport des prix sur les valeurs. Von BORTKIEWICZ[9] considérait que la méthode de calcul des prix à partir des

7. Le lecteur trouvera une bibliographie fournie sur l'histoire de cette controverse dans notre ouvrage, *Les Méandres de la transformation des valeurs en prix de production*, L'HARMATTAN, octobre 2013.

8. La procédure de transformation de MARX est généralement présentée en utilisant la notation matricielle suivante : $P = A\Lambda(1+r)$, où A est la matrice des coefficients sociotechniques, Λ est le vecteur de valeurs et P le vecteur des prix de production.

9. Le système de base «en valeur» de von BORTKIEWICZ est le suivant :

$c_1 + v_1 + s_1 = w_1$

$c_2 + v_2 + s_2 = w_2$

$c_3 + v_3 + s_3 = w_3$

L'hypothèse de "reproduction simple" lui permet d'écrire :

Section I : $c_1 + v_1 + s_1 = c_1 + c_2 + c_3$

Section II : $c_2 + v_2 + s_2 = v_1 + v_2 + v_3$

Section III : $c_3 + v_3 + s_3 = s_1 + s_2 + s_3$

Tout le problème consiste à trouver les coefficients x, y, et z qui expriment respectivement les rapports des prix aux valeurs des éléments du capital constant, du capital variable et de la plus-value, donc à résoudre le système suivant :

$(c_1x + v_1y)(1+r) = (c_1 + c_2 + c_3)x$

$(c_2x + v_2y)(1+r) = (v_1 + v_2 + v_3)y$

$(c_3x + v_3y)(1+r) = (s_1 + s_2 + s_3)z$

Système dans lequel «r» est le taux de rentabilité. Celui-ci ne reçoit aucune défi-

valeurs de MARX était erronée car elle ne permettait pas de maintenir les conditions de la reproduction simple après la conversion des valeurs en prix. Selon cet auteur, cette formule serait entachée d'une erreur logique, dans la mesure où les marchandises, qui sont à la fois des consommations intermédiaires et des produits, doivent avoir, dans la même équation, une seule forme d'expression [10]. Par ailleurs il estimait que les matières premières (les inputs) devaient être converties en prix de production, ce que ne faisait pas MARX. Dans un article paru en 2006 nous avons montré que si l'on acceptait l'idée d'une transformation totale il existait toujours une répartition du capital entre les branches qui permettait le respect des contraintes de MARX. Ce n'était donc point la méthode de calcul des prix à partir des valeurs qu'il fallait mettre en cause mais la répartition du capital entre les branches, alors que celle-ci est supposée arbitraire par la plupart des auteurs. Le problème de la transformation des valeurs en prix de production est une forme bilinéaire, le calcul des prix de production est intimement lié à celui de l'affectation du capital entre les branches, [29].
En 1942, SWEEZY[62] introduisait aux ÉTATS-UNIS le problème de la transformation des valeurs des marchandises en prix de production et le modélisa le système à trois secteurs dans le cadre plus général de l'algèbre matricielle [11], mais c'est SETON qui a été l'un des premiers à reformuler

---

nition particulière, comme dans les écrits de D. RICARDO, et n'a aucun lien avec la composition organique moyenne. L'auteur constate alors qu'il dispose de quatre inconnues (x, y, z et r) pour seulement trois équations. Le système est donc indéterminé. Aussi est-il conduit à poser une hypothèse supplémentaire : le rapport entre l'unité de prix et l'unité de valeur est posé égal à 1. L'auteur admet donc que l'on peut utiliser la même unité pour mesurer les valeurs et les prix de production. Puisque la marchandise monnaie (ici l'or) est produite par la section III, cette hypothèse peut-être formalisée par z = 1. Puis l'auteur modifie ses notations en posant $f_1 = {}^{v_1}/_{c_1}$; $f_2 = {}^{v_2}/_{c_2}$ et $f_3 = {}^{v_3}/_{c_3}$ et $g_1 = (c_1 + v_1 + m_1)/c_1$; $g_2 = (c_2 + v_2 + m_2)/c_2$; $g_1 = (c_3 + v_3 + m_{13})/c_3$ et enfin : t = (1 + r). Le système de trois équations à trois inconnues devient :

$$\begin{aligned} t(x + f_1 y) &= g_1 x && (1) \\ t(x + f_2 y) &= g_2 y && (2) \\ t(x + f_3 y) &= g_3 && (3) \end{aligned}$$

De l'équation (1) on tire : $x = \frac{f_1}{g_1 - t} y$. Des équations (2) et (3) on obtient : $y = \frac{g"}{g_2 + (f_3 - f_2)t} z$ et $t = r + 1 = \frac{(f_2 g_1 - g_2) - \sqrt{(g_2 + f_2 g_1)^2 + 4(f_1 - f_2) g_1 g_2}}{2(f_2 - f_1)}$; toutes les inconnues sont déterminées.

10. Cette affirmation est contestée par de nombreux auteurs, notamment par MOSELEY, pour qui le capital fixe et le capital vivant n'ont pas à être transformés, [46] et [47]

11. P. M. SWEEZY[62] réécrivit les deux premières équations du système de L. von BORTKIEWICZ, les seules fondamentales, sous forme d'une combinaison linéaire des coefficients de transformation :

l'analyse sous la forme de systèmes de n équations sans second membre [12].

Un nouveau pas fut franchi en 1939 par SHIBATA[59] lorsqu'il affirma que le système des valeurs, exprimées en quantités physiques de travail (nombre d'heures) et le système des prix, valorisés en monnaie, étaient indépendants l'un de l'autre. Le système Quantités/Prix étant suffisant pour calculer le taux de profit. Cette opinion devient rapidement dominante. SRAFFA l'a généralisée en 1960 en posant la question du statut des valeurs dans l'analyse de von BORTKIEWICZ. En effet toutes les données en valeur [13] et qui représentent des quantités de travail, du schéma de von BORTKIEWICZ pourraient très bien être remplacées par des quantités physiques [14] et que cela n'enlèverait rien à la cohérence formelle du sujet, STEEDMAN[61]. Nous retombons sur un système de prix de production dans lequel toute idée de transformation est exclue puisque les valeurs ont été éliminées. En opérant ainsi on construit non pas un système mais deux systèmes concurrents, l'un de détermination des valeurs connaissant les quantités physiques produites et consommées, et l'autre de calcul des prix connaissant ces mêmes quantités physiques. On

---

$(t - g_1)x_1 + tf_1x_2 = 0$
$tx + (tf_2 - g_2)x_2 = 0$
Soit sous forme matricielle :

$$\begin{bmatrix} t - g_1 & tf_1 \\ t & tf_2 - g_2 \end{bmatrix} \begin{bmatrix} x_1 \\ x_2 \end{bmatrix} = \begin{bmatrix} 0 \\ 0 \end{bmatrix}$$

De tels systèmes homogènes s'écrivent sous forme matricielle condensée : AX = O et n'ont de solutions significatives que si le déterminant de la matrice A est égal à zéro. Cette condition définit une fonction d'une variable unique, le taux de rentabilité, de la forme suivante : f(r)=0.

$$Det \begin{bmatrix} t - g_1 & tf_1 \\ t & tf_2 - g_2 \end{bmatrix} = 0$$

Soit l'équation quadratique que nous connaissons bien, car c'est celle de L. von BORTKIEWICZ : $(f_1 - f_2)t^2 + (f_2g_1 + g_2)t - g_1g_2 = 0$.

12. Ce résultat peut être généralisé à un système de n équations et n inconnues. D'un point de vue strictement mathématique, le calcul du taux de rentabilité dans le cadre d'un système homogène d'équations linéaires de n équations revient à déterminer la valeur propre dominante de la matrice A des coefficients socio-techniques. Toute valeur propre a de A est telle qu'il existe un vecteur non nul X tel que AX = a X = a I X où I est la matrice unité de même ordre k de la matrice carré A. Toute valeur propre a de A vérifie donc : (A a I) X = 0. Comme $A - \lambda I$ est une matrice non nulle et que X est un vecteur non nul, nous devons avoir $A - \lambda I = 0$, c'est-à-dire que a est solution de l'équation du ke degré [A - a I] = 0, la matrice [A - a I] étant d'ordre k. L'équation [A - a I] = 0 - appelée équation caractéristique de la matrice A - a au plus k solutions réelles. Si l'équation caractéristique n'a aucune solution réelle, la matrice A ne possède pas de valeur propre réelle ni de vecteur propre à composantes réelles.

13. Notées C_i, V_i, S_i et évaluées en quantité de monnaie, des euros par exemple.

14. Mètres, quintaux, tonnes, litres, etc.

introduit une "dualité des dualités" que critiqua, non sans un certain humour, SAMUELSON [55]selon laquelle les prix *"concurrentiels"* et le taux de profit peuvent être calculés à partir des seules quantités physiques ; les valeurs deviennent inessentielles. Selon I. STEEDMAN [61] les équations de L. von BORTKIEWICZ représentent un système de prix de production parfaitement déterminé. Mais on peut remarquer dès à présent que les données de ce système (les ci, vi et mi) pourraient aussi bien être des quantités physiques, des unités de valeurs d'usage, et le système n'en serait pas formellement affecté. Ces données pourraient être des quantités incommensurables, que le système d'équations rendrait homogènes en les exprimant en système de prix, tels que la reproduction physique soit assurée, et le partage du surplus émergeant de ce système effectué selon l'hypothèse sociale de l'égalité du taux de profit r, détermine simultanément aux prix. Tels sont, dans leurs grandes lignes, les modèles de DMITRIEV et de SRAFFA. Mais il ne s'agit plus alors de transformation de valeurs en prix, mais de la construction de systèmes alternatifs a celui de K. MARX. Les prix relatifs et le taux de profit sont détermines indépendamment des montants des valeurs, rendant les valeurs redondantes.

Pour ces auteurs, la totalité du livre I du *Capital* apparaissait comme un détour inutile et la transformation sans objet. Toutefois ce courant néglige l'impossibilité d'agréger des éléments évalués par des unités aussi hétérogènes que le mètre, le kilo, etc. et nie la nécessité passer par les valeurs pour le faire.

Aujourd'hui, on peut recenser plusieurs interprétations du problème de la transformation des valeurs des marchandises en prix de production :

1. L'interprétation dominante, qualifiée de standard, incarnée par von BORTKIEWICZ (1907) et MORISHIMA (1973), en passant par SETON (1957) et bien d'autres. Elle rejette l'ensemble des conceptions de MARX sur la base de systèmes à capital circulant, et semble maintenant cristallisée dans une formalisation achevée mais contestée du fameux "théorème marxien fondamental." La solution mathématique la plus élaborée du XXe siècle est déterministe, elle formalise le système des prix de production en termes de problème de valeur propre et de vecteurs propres ($AX = \lambda X$) et utilise abondamment les théorèmes de PERRON et FROBENIUS,[15] Elle peut être résumée par quelques propositions : a) Le taux de profit peut être calculé à partir de la valeur propre dominante de la matrice A, sachant que $\lambda_{max} = \frac{1}{1+r}$. Seule la valeur propre dominante est à

15. ABRAHAM-FROIS et BERREBI, "Eigen-Values and Eigen-Vectors, Perron-Frobenius Theorem : Economic Applications." International Encyclopedia of the Social Sciences. 2008. Encyclopedia.com. 26 Feb. 2014, http ://www.encyclopedia.com.

retenir, car toute autre valeur propre conduirait à des prix ou des quantités qui pourraient être négatifs ce qui n'a pas de signification économique réelle, [48], (p.81). b) Les prix correspondent au vecteur propre à droite associé à la valeur propre maximale de la matrice [16].

2. Par ailleurs dans les années 1960, SRAFFA[60] élaborait un système de « prix de production » alternatif que certains considèrent comme une solution acceptable au problème de la transformation (notamment MÉDIO[41]), tandis que d'autres jugent la réponse de SRAFFA insuffisante mais pensent que l'on peut passer de SRAFFA à MARX et retrouver les intuitions et conclusions de celui-ci (HARRIBEY[19], pp. 96—99 et annexe au chapitre 3, pp. 460 à 483).
3. Une autre interprétation fut énoncée presque simultanément par FOLEY et DUMÉNIL au début des années 1980 [12]. Celle-ci redéfinit l'ensemble de la problématique de MARX et axe sa formalisation sur la constance de la *« valeur ajoutée »* [17] et une définition du salaire, immédiatement appréhendé dans sa forme monétaire, comme un droit sur le surplus, une part fixe sur la valeur ajoutée, rejetant l'idée d'un panier fixe de consommation ouvrière mais abandonnant le concept marxiste de « *force de travail*», marchandise achetée et vendue sur un marché. Cependant dans cette interprétation les égalités fondamentales sont définies au niveau de la valeur ajoutée mais ne sont pas vérifiées sur les grandeurs brutes des productions.
4. Une interprétation concurrente nommée *« Temporal Single System Interpretation »*(TSSI : [25], [17]) s'est construite dès 1996 sur le rejet du « marxisme algébrique. » Ces auteurs considèrent que l'utilisation de système d'équations linéaires (qu'ils nomment « simultanéisme ») est un reliquat de la notion d'équilibre général d'inspiration néoclassique et promeuvent la recherche d'une solution séquentielle et itérative au problème de la transformation. Ils rejettent les critiques d'incohérence interne dans la théorie de MARX notamment celle qui a été initialement développée par BOHM-BAWERK

16. De façon duale, les volumes des productions correspondent au vecteur propre à gauche associé à la valeur propre maximale de la matrice A. La valeur propre de la matrice A est associée au taux de profit, la valeur propre de sa transformée est associée au taux de croissance. Sachant que les deux matrices A et sa transformée A^Tont la même valeur propre. Soit le vecteur propre à droite associé à la valeur propre maximale de la matrice A^T, c'est à dire la transformée de la matrice A (MORISHIMA). Mais généralement cette voie est réservée à la définition d'un étalon, la marchandise composite de SRAFFA par exemple.

17. Définie dans la comptabilité nationale par la différence entre la production totale et les consommations intermédiaires.

à la fin du XIXe siècle, la prétendue incohérence entre la théorie de la valeur travail du livre I du *Capital*[18] et celle des prix (de production) du livre III[19]. Le TSSI construit des systèmes de transformation des valeurs en prix de production qui respectent les égalités fondamentales de MARX et développe une conception du capital fixe qui est proche de la nôtre.

5. Une autre interprétation souligne le passage d'une forme de prix à une forme plus complexe, c'est-à-dire l'expression d'une forme de la valeur (la valeur-travail) à une forme plus complexe de la valeur (les prix de production). En d'autres termes le fameux « problème de la transformation » consiste en un changement formel plutôt qu'un changement de substance. TOULFIDIS et TSALIKI[64], p. 86.

Dès 2006 nous avons présenté une nouvelle approche, [28], qui a été approuvée par de nombreux auteurs dont Samir AMIN [2], Olivier CLAIN [7], Jean-Marie HARRIBEY[19], Emile JALLEY [22], Jean- Guy LORANGER [37], François MORIN[43] et bien d'autres. Celle-ci est construite sur un certain nombre de ruptures par rapport aux interprétations précédentes : le capital fixe est introduit dans le modèle dès l'origine sur la base d'une évaluation aux coûts historiques (à la façon du Temporal Single Interpretation), nous utilisons des systèmes d'équations linéaires (comme les "simultanéïstes") mais dans le cadre de systèmes avec seconds membres (en opposition avec la solution standard qui raisonne exclusivement sur des systèmes d'équations linéaires homogènes), nous articulons la diachronie et la synchronie en prenant en considération les cycles du capital (capital-argent, capital-marchandise et capital productif) et les durées inégales de ces cycles pour les éléments qui le constituent : le capital fixe parcourt un cycle pluriannuel alors que le capital circulant et le capital variable connaissent généralement des cycles intra-annuels ; nous prenons en compte la transmission de la valeur des périodes de production antérieures par l'intermédiaire de la reconstitution annuelle d'une part du montant du capital fixe qui correspond aux fonds de moyens financiers qui a été initialement avancé pour acquérir les moyens de production, et, enfin, nous définissons le taux de profit en tant que rapport entre la plus-value totale et le capital avancé évalué en *prix de production de marché*.

Comme on peut le constater en recensant les publications récentes sur ce thème, le débat ne s'est pas atténué[20]. Dans le cadre restreint de

18. Selon laquelle les prix des marchandises sont directement proportionnels à la quantité sociale de travail nécessaire pour leur production

19. Selon laquelle deux capitaux d'un même montant rapportent un même profit

20. Notamment et par ordre chronologique, KLIMAN A., Reclaiming Marx's "Ca-

ce texte, il n'est évidemment pas possible d''examiner chacune de ces contributions malgré leur intérêt et nous focaliserons notre attention sur quelques points : le rôle du capital fixe, la dimension bilinéaire du problème examiné, les mouvements des capitaux entre les branches et la surdétermination du système complet.

Actuellement les économistes qui ont pris part à la discussion se partagent en trois groupes :

Le premier admet que la théorie de la valeur de MARX est primordiale pour l'explication de l'origine du profit et suggèrent que les prix sont mieux expliqués par d'autres théories (par exemple par la théorie de capitalisme monopoliste de BARAN et SWEEZY)[21],

pital", A Refutation of the Myth of Inconsistency (Lexington, 2007) ; DUMÉNIL G. et FOLEY D. (2008), The Marxian Transformation Problem, The New Palgrave Dictionary of Economics ; EKELAND A. (2012), The Transformation problem after KLIMAN and WRIGHT. Are we approaching a solution ? 2012 ; BEGGS M. (2013), Zombie Marx and modern economics, or how I learned to stop worrying and forget the transformation problem, Journal of Australian Political Economy n°70, summer 2012/13 ; BESSY C. (2013), Théories de la valeur et de la valorisation Congrès AFEP, Bordeaux 3-5 juillet 2013 ; HARRIBEY J. M., La richesse, la valeur et l'inestimable, fondements d'une critique socio-écologique de l'économie capitaliste (Les liens qui libèrent, 2013) ; DIAZ E., VELASCO F. (2015), The Transformation of Values into Prices of Production in Marx's Scheme of Expanded Reproduction Review of Radical Political Economics, 2015 ; JEFFERIES W. (2015), Piero SRAFFA and the Production of Commodities by Means of Magic, Critical Sociology, February 2015 ; MOSELEY F. (2015), M-C-M' and the End of the 'Transformation Problem' ; MOSELEY F. (2015) Money and Totality. A Macro-Monetary Interpretation of Marx's Logic in Capital and the End of the 'Transformation Problem' ; PASINETTI L., GARBELLINI N. (2015), From Sraffa : backwards, to a better understanding of Marx's Values/Prices 'transformation' ; and forward to the novel view of growing economic systems, Cahiers d'économie politique n°69, 2015 ; WRIGHT I. (2015), The Law of Value : A Contribution to the Classical Approach to Economic Analysis Thesis, June 2015 ; MARIOLIS T., TSOULFIDIS L. (2016) Modern Classical Economics and Reality. A Spectral Analysis of the Theory of Value and Distribution ; SCHEFOLD B. (2016), Profits equal surplus value on average Cambridge Journal of Economics 40, TONY BURNS, Capital and Class, 2016 ; SHAIKH, A., Capitalism, competition, conflict, crises, Oxford University Press, 2016, pp. 221 à 228 ; MORIN F., L'économie politique du XXIe siècle, 2017.

21. Gilbert FACCARELLO, Théorie de la valeur, des prix et de l'accumulation : quelques points de désaccord, Essai publié dans les Cahiers d'économie politique, n 4, 1977, pp. 279-297 :*"Disons tout de suite que, pour les auteurs, ce n'est pas la transformation des valeurs en prix qui est intéressante et pertinente, mais bien plutôt celle de la plus-value en profit. Autrement dit, après que la publication de l'ouvrage de Sraffa ait montré que l'on pouvait fort bien élaborer une théorie des prix de production sans référence aucune aux valeurs, après les débats récents et plus anciens qui ont établi que le problème de la « transformation » chez* MARX *se résolvait logiquement dans un schéma des prix de type Sraffa et que les célèbres égalités quantitatives du livre III du Capital (somme des profits = somme des plus-values, et somme des valeurs =*

Le second pense que l'égalité entre la somme de toutes les valeurs et la somme des prix est primordiale même s'il faut faire des concessions sur la théorie de l'exploitation.

Le troisième groupe enfin, auquel nous pensons appartenir, estime qu'il faut partir d'une situation dans laquelle les deux égalités dites impossibles sont réalisées[22], pour cela il faut repenser la question du capital fixe, tenir compte de la reconstitution du capital avancé et de la rotation du capital et incorporer dans l'analyse les transferts de capitaux entre les branches.

Dans les trois prochains chapitres nous abordons la question du capital fixe, l'analyse les transferts de capitaux entre les branches sera examinée ultérieurement.

---

somme des prix) ne pouvaient être vraies simultanément pour un schéma « corrigé » des prix et que, de toute manière, l'obtention de l'une ou de l'autre égalité n'était qu'une question de choix du numéraire (et donc non pertinente sur le plan théorique), l'accent est placé sur une analyse qui devrait permettre d'expliquer la nature du profit qui apparaît dans le système des prix (où son origine demeure énigmatique) par la mise à jour d'une relation qui lierait de façon systématique et significative le taux de profit à certaines grandeurs ou propriétés d'un système parallèle des valeurs." à propos de l'ouvrage de Gilbert Abraham-Frois et Edmond Berrebi, Théorie de la valeur, des prix et de l'accumulation, Economica, Paris, 1976.

22. Plusieurs auteurs nous ont précédé dans cette voie : [21] et [37], par exemple, soutiennent qu'il est important que le taux de profit soit identique dans les deux systèmes, celui des valeurs et celui des prix.

3. Le capital en mouvement

"On appelle prix de production d'une marchandise le prix obtenu en ajoutant à son coût de production [cost-price] cette portion du profit moyen annuel sur le capital investi (et non simplement consommé) dans la production de la marchandise qui est allouée au capital en relation avec ses conditions de rotations" [38], Livre III, tome 1, E.S.., p. 174.

A. BRODY note *"Cette définition concise et exacte suggère, par sa formulation même, une équation mathématique. Cette équation, cependant, ne peut être trouvée dans le texte publié de Capital. L'équation apparaissant dans le texte suivant la définition contredit la formulation donnée ci-dessus d'une manière particulière. (..) [Coûts de production plus le taux de profit moyen multiplié par les coûts de production (*[38], *p.189). Ainsi, la formule mathématique donnée multiplie le taux de profit par le prix de revient, c'est-à-dire par le capital consommé, et non par le capital investi, en contradiction évidente avec la définition donnée au départ. Naturellement, cette contradiction a conduit à une confusion dans le développement de la théorie des prix de production."*[6], p. 41.

Introduction

La théorie académique a été obnubilée par la critique pertinente formulée par L. von BORTKIEWICZ, selon laquelle les consommations intermédiaires doivent être évaluées en prix et non en valeurs, mais a complètement évacué celle qui est formulée par BRODY pourtant tout aussi fondamentale. Les citations ci-dessus évoquent la différenciation entre capital investi et capital consommé. BRODY rappelle, à juste titre, que dans la définition du prix de production il faut multiplier le taux de profit par le capital investi et non par le capital consommé, ce que ne respecte pas toujours MARX. Ne pas le faire conduit à une confusion dans le développement de la théorie des prix de production que nous tentons de lever en distinguant deux aspects : le capital investi / capital consommé d'une part et le capital investi ou engagé / capital avancé, d'autre part.

Cette question est complexe, aussi nous l'exposons à partir du concept de capital en mouvement et nous y consacrerons plusieurs chapitres. Dans le premier (chapitre 3) nous examinons les formes du capital, leurs cycles et la rotation. Nous mettrons en évidence des durées différentes selon la nature des biens achetés avec les parts des fonds que l'on nomme capital fixe et capital circulant. Dans le second chapitre (chapitre 4) nous détaillons les conséquences de ces analyses sur le processus de transformation des valeurs en prix de production, notamment sur le calcul du taux de profit et des prix de production.

Le capital est pour MARX un rapport social qui caractérise un mode de production et une structure sociale historiquement déterminée. Il est définit par un rapport entre les propriétaires des moyens de production et les travailleurs productifs nommé salariat et l'attribution de la propriété des productions aux propriétaires des moyens de production. Le capital n'est pas la simple addition des moyens matériels de production (les biens-capitaux de la théorie dominante) mais une combinaison productive en mouvement des éléments décrits ci-dessous.

Toute masse de fonds financiers commence sa carrière en tant que capital sous la forme de cash (MARX parle d'argent), c'est-à-dire les moyens financiers avec lesquels le capitaliste achète sur les marchés les bâtiments et les machines nécessaires à son activité on les appelle moyens de production), les matières premières (que l'on nomme objets de travail) et rémunère les travailleurs nécessaires pour faire fonctionner l'ensemble.

Selon cette théorie, le capital revêt successivement (diachronie) et simultanément (synchronie) trois formes notées A, M et P.

A : Capital - argent,

M : Capital - marchandise,

P : Capital - productif.

C'est un processus en mouvement, il ne s'agit donc pas d'un stock de marchandises en repos. [1]

Ces formes [2] accomplissent un mouvement cyclique qui peut être sché-

1. MARX, *Capital,* Vol. II, Editions sociales, 1974, p.108

2. Nous utilisons les notations suivantes pour décrire les différentes formes du capital :

A = Argent (Total des moyens financiers engagés évalués en euros),

M = Marchandises (intrants - facteurs de production),

FT = force de travail,

MP = moyens de production,

P = production,

matisé ainsi :

$$\begin{array}{ccccc} & & A & & \\ & \nearrow & & \searrow & \\ M & & & & M \\ & \nwarrow & & \swarrow & \\ & & P & & \end{array}$$

La rotation du capital est généralement définie par le temps nécessaire pour qu'un capital donné pour retrouver sa forme initiale d' équivalent universel, c'est-à-dire sa forme argent. La question n'est pas simple car non seulement te temps de rotation dépend de la nature des marchandises produites (et donc de la durée du cycle de production et de circulation) mais aussi de la nature hétérogène des éléments qui compose un capital (les fonds qui permettent l'acquisition de certains éléments comme les matières premières, l'énergie sont reconstitués une fois voire plusieurs fois dans une année ; tandis qu'il faut généralement plusieurs années pour reconstituer les fonds qui ont permis d'acquérir d'autres éléments comme les bâtiments ou les moyens de production). Les conséquences de ces éléments sont très rarement perçus par les économistes qui se sont penchés sur le problème de la transformation.

La question des effets de la rotation du capital sur le processus de transformation des valeurs en prix de production de marché est une question difficile à laquelle il n'existe pas, à notre connaissance de réponse satisfaisante. Nous tentons d'en faire une synthèse[3].

Nous distinguons trois périodes : la durée du procès de production complet qui comprend la période de production proprement dite et la durée de circulation (celle-ci peut durer quelques semaines, quelques mois voire plusieurs années), et la période de référence qui conventionnellement est l'année calendaire et enfin les différentes durées d'utilisation des éléments qui ont été achetés avec les fonds avancés (bâtiment, machines, matières premières et le travail). Ceci nous conduit à distinguer dans cette analyse plusieurs choses :

1. La durée d'une rotation du capital par rapport à la durée conventionnelle choisie (traditionnellement l'année).

C ′ = produits de base (production - produits finis),

c = produits de base (incrément en termes de valeur),

A′ = Argent (masse d'équivalent général réalisé après les ventes),

ΔA = Argent (augmentation du capital total sous forme argent),

"-" signifie continuité des échanges,

"..." signifie discontinuité des échanges.

3. La rotation du capital a été analysée par de nombreux auteurs dont Foley

2. Le capital engagé est lui-même composé de différents éléments qui ont des temps de rotation différents. Les moyens de production ont généralement une durée de vie supérieure à la période de production et à la période de référence. Ce n'est généralement pas le cas des matières premières qui sont intégrées dans le processus de production et disparaissent dans le produit et ont des temps de rotation généralement inférieur à l'année.
3. Par ailleurs une partie du financement du cycle d'exploitation (les stocks et les créances) est couvert par le flux de cash engendré par les ventes (le chiffre d'affaires) et les décalages entre le moment ou est engendrée un dépense ou un encaissement et le moment où le flux de trésorerie (sortant ou entrant) est constaté. Le besoin en financement de l'activité est une combinaison complexe des besoins en trésorerie (créances clients, stocks de marchandises, d'en-cours de produits finis, etc.) et des ressources en trésorerie (générées par le crédit fournisseurs, le crédit salarial, le crédit des organismes sociaux et de l'Etat). Ceci nous conduira à distinguer le capital économique, comme la somme des immobilisations brutes et du besoin en fonds de roulement exploitation, et le capital engagé.
4. Nous présentons enfin les conséquences de la rotation du capital sur le processus de transformation des valeurs en prix de production de marché et en particulier la nécessité d'annualiser les montants des plus-values dégagées par un capital engagé un certain montant afin de tenir compte des taux de rotation de ce capital, qui est différent suivant les activités. La seconde conséquence de cette analyse nous conduit à définir le capital investi par la somme des immobilisations brutes actives durant la période considérée et du besoin en financement d'exploitation. Le *capital investi* se différencie ainsi du *capital en mouvement* et par ailleurs du *capital avancé.*

Dans la vie réelle des affaires la question se complique car les entreprises financent une part de leurs besoins en cash par les encaissements courants issus de la vente quotidienne des productions réalisées. Ceci bien sûr a des conséquences sur le processus de transformation dont il faut tenir compte notamment car la masse de plus-value dégagée dépend du nombre de rotation qu'effectue le capital dans la période de référence et car le calcul du taux de profit en est modifié. Tel est l'objet des deux prochains chapitres. Dans le présent chapitre nous évoquons les cycles du capital et la question de la rotation des éléments qui ont été acquis avec le capital total en distinguant ceux qui sont reconstitués dans l'année (le capital constant circulant et le capital variable) et ceux qui sont reconstitués sur une période plus longue (le capital fixe).

Examinons tout d'abord les cycles du capital en mouvement.

3.1. Les cycles du capital

Il y a, au Livre Il du *Capital,* l'énoncé des schémas de production simple et élargie et, surtout, le développement par K. MARX de la théorie du cycle des mutations du capital.

Ce mouvement $A - M - P - A$ décrit en introduction se décompose en trois cycles suivant que l'on prend pour point de départ l'une ou l'autre des trois formes, qu'il est devenu coutumier de noter selon trois formules :

cycle du capital-argent : A - M ... P . . . M - A

cycle du capital-marchandise : M - A - M. . . P . . . M

« cycle du capital productif : P ... M - A - M . . . P

Ces formes fonctionnelles du capital ont des caractéristiques différentes aussi allons nous les examiner attentivement.

Les formes fonctionnelles

Le capital, en tant que masse de valeur qui s'auto-développe, englobe non seulement les relations de classes qui caractérisent une société reposant sur l'existence du travail salarié et l'attribution de la propriété du produit du travail aux propriétaires des moyens de production mais traduit aussi un enchevêtrement de circuits parcourus par l'argent, les marchandises et la production.

Le capital prend successivement plusieurs formes dites : capital argent, capital commercial et capital productif que nous examinons successivement.

Le cycle du capital-argent

Ce cycle du mouvement du capital-argent peut être représenté comme suit :

A— M ··· P ··· M´ — A´

Le capital commence sa carrière sous la forme d'une somme déterminée de cash (argent) ou de moyens financiers qui servent à acquérir tout ce qui est nécessaire à la production dans un secteur défini d'activité. Le premier stade du mouvement du capital consiste en la conversion du capital argent en capital marchandise.

Vient ensuite le processus de production durant lequel s'opère la consommation productive des marchandises acquises sur les marchés : les matières premières sont transformées en produits, le combustible qui actionne les machines est brûlé, les machines s'usent, les travailleurs productifs réalisent leur travail en échange d'un salaire.

Au terme de la période consacrée à la fabrication des produits, le capital change à nouveau de forme. Le capital avancé se trouve incorporé dans une masse déterminée de marchandises qui est le résultat du processus de production. D'une part, la nature des marchandises produites dans une branche est différente de celles qui furent acquises précédemment ; en second lieu, la valeur de cette masse de marchandises (disons des vêtements) est supérieure à la grandeur initiale du capital avancé car le capitaliste a pris la précaution de faire travailler les ouvriers un temps suffisant pour qu'ils produisent une quantité supérieure de valeur à la quantité consommée par le travailleur direct et sa famille, l'excédent est nommé *"plus-value"*.

Remarque : parler de la reconstitution du capital initial sous sa forme Argent par la vente des marchandises produites.

Le cycle du capital-productif, formule générale

$$P \;...\; M \;-\; A \;-\; M' \;..\; A'$$

La forme développée

$$\begin{array}{ccccccccccc} & & & & & & & T & & & \\ & & & & & & \nearrow & & \searrow & & \\ P & ... & M' & - & A' & - & M' & & & ... & P' \\ & & & & & & \searrow & & \nearrow & & \\ & & & & & & & MP & & & \end{array}$$

Cette formule exprime le cycle d'un capital productif qui se reproduit à une plus grande échelle (C, LIII, t1, E.S. p.74).

La formule générale du circuit du capital productif allie reproduction simple et reproduction élargie.

La fonction du capital productif est de créer par le travail des producteurs directs une masse de marchandises dont la valeur est supérieure à la somme des valeurs consommées lors du processus de production.

Le cycle du capital marchandise

Le troisième stade du mouvement du capital consiste dans la vente des marchandises produites sur le marché, les économistes disent qu'elles sont "réalisées" car le capital-marchandise est converti en cash (argent) et le cycle général peut recommencé, selon la formule générale suivante :
M'—A'—$M'' \cdots P \cdots M'''$
Les termes $M,' M''etM'''$ symbolisent le fait que la forme et la quantité des marchandises sont différentes à chaque étape du cycle.

Le cycle général

Si nous combinons les trois formes, chaque élément apparaît comme un point de départ, de transition et de retour. Le processus total représente l'unité des processus de production et de circulation.

$$\begin{array}{ccccccccccc} & & & & FT & & & & & & \\ & & & \nearrow & & \searrow & & & & & \\ A & - & M & & & & \ldots & P & .. & M' & - & A' \\ & & & \searrow & & \nearrow & & & & & \\ & & & & MP & & & & & & \end{array}$$

Les trois circuits ont en commun : l'auto-croissance de la valeur comme motif principal. Le capital initial engagé au début du processus en tant que "cash" est récupéré par le capitaliste lors de la vente des marchandises produites, avec, si tout s'est bien passé, un profit ($A' > A$).

Il est devenu coutumier de noter les cycles du capital selon trois formules suivant que l'on initie le cycle avec l'une ou l'autre des formes du capital.

$$\begin{array}{ccccccccc} A & - & M & \ldots & P & \ldots & M' & - & A' \\ M & \ldots & P & \ldots & M' & - & A' & - & M' \\ P & \ldots & M & - & A & - & M' & .. & A' \end{array}$$

1. Le capital total est l'unité de ces trois formes néanmoins parmi celles-ci le cycle du capital argent est dominant car typique d'une économie capitaliste dont la finalité de faire de l'argent avec de l'argent. Sa logique domine sur les trois autres en raison des propriétés exceptionnelles de la monnaie en tant qu'équivalent général, moyen universel de paiement, de mesure des valeurs et moyen de conservation des valeurs.
2. Le capital marchand est une forme intermédiaire (l'échange ne crée pas de valeur) car lors de l'échange la masse de valeur en jeu n'est pas

modifiée mais le capital change de forme d'existence (soit le cash se transforme en matières premières, en force de travail, etc. soit les marchandises produites se transforment en cash reconstituant le capital avancé dans sa forme initiale).

3. Le capital productif connaît un changement quantitatif et qualitatif : d'une part les valeurs engagées dans le processus de production sous forme de moyens de production et de travail sont converties en production (c'est-à-dire une quantité de marchandises de nature différente) et d'autre part, par le biais de l'exploitation, la quantité de valeur produite est supérieure à la quantité de valeurs consommée, le processus de production permet de créer une valeur nouvelle, nommée plus-value.

Le mouvement des formes du capital. Enchaînement A - M ... P . . . M - A. et le temps. Les cycles n'ont pas la même durée. Conséquence. A un instant t, il y a juxtaposition des formes du capital. A un instant t (disons le 31 décembre de l'année n) certaines marchandises sont à la première étape du cycle global, d'autres à la seconde et d'autres encore à la troisième.

L'acte de vente (M-A) est le lieu où est réalisée la transformation des valeurs en prix de production. Cet acte est unique.

Au premier abord, le capital apparaît comme une masse de moyens de financement (d'argent) qui est divisée en différentes parties pour acquérir les biens nécessaires à sa mise en valeur. Mais ce n'est pas seulement cela. Il est aussi l'unité des différentes formes fonctionnelles et d'existence.

Articulation des formes fonctionnelles et des formes d'existence

L'articulation des formes fonctionnelles et des formes d'existence du capital n'est pas étrangère aux auditeurs financiers qui examinent les bilans comptables des entreprises comme un pool de fonds. La comptabilité générale permet de tenir une comptabilité selon de principe de la partie double. Le bilan d'une entité apparaît comme le document de synthèse qui recense, au passif, les fonds avancés d'après leur nature (principalement les apports de actionnaires (capital social), les réserves (qui correspondent aux résultats des exercices comptables antérieurs non distribués), les dettes financières (qui correspondent aux fonds empruntés pour financer des actifs) et les dettes d'exploitation et, à l'actif, les emplois effectués c'est-à-dire les utilisations des fonds engagés qui ont été effectués durant la vie de l'entité et encore présents dans l'entité au moment de la clôture du bilan (généralement le 31 décembre de l'année) : les immobilisations incorporelles et corporelles, les stocks et les créances. Bien sûr cette comparaison doit être interprétée avec prudence. Il n'y a pas correspondance totale entre les notions. Les dépenses de personnels, qui sont un coût, n'apparaissent pas au bilan si ce n'est, éventuellement, sous la forme des dettes ou créances sur salaires mais le cumul des dépenses salariales de l'année est enregistré aux comptes de résultats pas au bilan. En outre certains éléments de l'actif comptable sont valorisés en valeurs nettes. Il nous semble préférable de les évaluer en valeur brute et de considérer le fond d'amortissement comme une ressource financière qui, comme le fait la Centrale des Bilans de la Banque de France, doit être reclassée dans les ressources au passif du bilan. D'autres retraitements dont l'importance est moindre s'imposeraient mais cela dépasse le cadre de c texte.

Il nous faut maintenant considérer le temps. Prendre en considération les cycles du capital lors de l'étude de la transformation des valeurs des marchandises en prix de production de marché a plusieurs conséquences :

Nous insistons tout d'abord sur la continuité dans l'enchaînement des cycles. La valeur du capital total engagé au début d'un cycle résulte de la réalisation des marchandises qui ont été produites précédemment et retrouve sa forme argent (pour fixer les idées admettons qu'il s'agisse de 1 000 milliards d'euros). Cette masse de moyens financiers est déterminée et permet l'acquisition des moyens matériels et humains de production. Que ceux-ci soient évalués en valeurs ou en prix de production de marché ne modifie pas la masse de moyens financiers disponibles à la fin du cycle précédent. Admettre que la transformation doit être totale revient à poser que les «inputs» sont évalués en prix de production de marché. L'évaluation des marchandises qui constituent le capital fixe, le capital circulant et le capital variable, non plus à leurs valeurs, mais à leurs prix de production de marché modifie les quantités de chacune d'entre elles qui peuvent être acquises par la masse préalablement établie de moyens financiers. En un mot c'est l'affectation du capital social entre les branches qui est affectée.

La prise en compte du temps

Le premier niveau de la prise en considération du temps consiste à remarquer que les trois cycles présentés ci-dessus ne démarrent pas au même instant mais dont décalés dans le temps comme le représente le schéma ci-dessous :

$$
\begin{array}{cccccccccccccc}
A & - & M & ... & P & ... & M & - & A & & & & \\
 & & M & - & P & ... & M & - & A & - & M & & \\
 & & & & P & ... & M & - & A & - & M & ... & P
\end{array}
$$

La continuité de l'activité économique implique l'enchaînement des cycles. Le capital total considéré comme un tout est pris dans un mouvement continu, de cycle à cycle mais par ailleurs chaque parcelle de capital est accompagnée par d'autres fractions qui parcourent à des rythmes différents la même série de mutations et de façon non synchronique. De la superposition de ces mouvements élémentaires et asynchrones résulte le partage instantané des fonds engagés en trois parties principales revêtant respectivement les formes « capital productif», «capital-marchandise» et « capital argent ».

Le deuxième niveau de notre réflexion réside dans la constatation que la durée de récupération des fonds avancés sous forme de cash (argent) n'est pas la même selon les formes d'"existence du capital (en particulier les temps de récupération des fonds avancés des frais de développement, des bâtiments, des machines, des matières premières et des salaires peuvent varier de plusieurs années à quelques mois). Pour analyser cela, il peut être utile de préciser quelques termes :

Définition des termes

Période de référence : L'année constitue l'unité naturelle pour mesurer la rotation du capital durant un cycle complet (A-A'). Cette unité de mesure a son fondement naturel dans le fait que les produits agricoles les plus importants de la zone tempérée, berceau de la production capitaliste, sont des produits annuels. Les milieux comptables, financiers, bancaires et économiques retiennent généralement l'année comme période de référence.

Temps de récupération des fonds engagés

$$
\begin{array}{cc}
Frais - R\&D & \alpha F \\
Machines & \\
M.P. & A—M \cdots P \cdots M'—A' \\
Force - de - travail &
\end{array}
$$

Le chiffre d'affaires est mensuel.

Nous admettrons que les frais de développement sont récupérés sur Cinq ans, les frais d'acquisition des machines sur 10 ans.

L'entreprise se réapprovisionne en matières premières plusieurs fois dans l'année.

Les salaires sont payés mensuellement.

La distinction entre capital variable et capital mort est au cœur de l'analyse de l'exploitation et de l'explication rationnelle du profit au niveau du capital productif (passage de A à A' > A).

Mais dans l'analyse du processus de transformation des valeurs en prix de production, il devient opportun de lui ajouter la distinction entre capital fixe et capital circulant, car ces deux éléments qui composent le capital constant accomplissent des cycles dont les durées sont différentes et n'ont pas le même rôle vis-à-vis du processus de transformation des valeurs en prix de marché.

Période	$t-1$	t	$t+1$	$t+2$
	Capital	*Coûts*	*Coûts*	*Coûts*
Machines	F	αF	αF	αF
Energie	E	E	E	E
Matières premières	C	C	C	C
Force – travail	V	V	V	V
Total	$F+C+V$	αF+C+V	αF+C+V	αF+C+V

3.2. La rotation du capital

On peut définir la période de rotation du capital comme l'intervalle de temps entre le moment où le capitaliste avance ou emprunte les fonds nécessaires (sous forme de capital-argent) pour acheter des moyens de production, les objets de travail et les forces de travail, et le moment où il récupère le capital-argent engagé (via la vente des marchandises produites). Autrement dit, le temps de récupération du capital engagé. Cette période correspond à un cycle de production. On peut également définir la vitesse de rotation du capital, qui est l'inverse de la période de rotation. Autrement dit : le nombre de fois qu'un capital est récupéré pendant une période donnée.

Afin de simplifier l'exposer, nous ne prendrons pas en considération les cycles de production dont les durées sont plus longues que la période de référence (bateaux, ponts, etc.).

Toutefois les choses ne sont aussi simples dans la mesure où le capital engagé n'est pas composé que d'éléments qui sont usés et remplacé dans l'année (capital circulant). Il nous faut tenir compte des moyens de production dont la durée de vie est de plusieurs exercices comptables.

La rotation du capital fixe

La rotation du capital fixe sera exposée à partir de l'exemple d'un capital fixe de 10.000 euros qui a permis d'acquérir progressivement un ensemble de machines dont la durée de vie est de 10 ans.[4] Du point de vue financier, que nous adoptons, les fonds engagés pour financer les installations et les équipements indispensables reviennent progressivement sous sa forme monétaire au fur et à mesure des ventes (supposées régulières), indépendamment de la dépréciation de ces immobilisations et des méthodes fiscales ou comptables d'amortissement qui sont pratiquées.

Plusieurs cas peuvent être envisagés :

Replacement progressif et régulier des machines usées

Nous admettons que les immobilisations à l'origine ont été financées par une émission d'un capital social d'un montant équivalent. Le recouvrement progressif (ici supposé de 10 termes) permet le remplacement des machines devenues hors d'usage (par dixième) et la poursuite de l'activité sur la même échelle. Cette mesure du *"stock de capital brut"*[5] est en réalité indépendante de la manière dont les déductions pour amortissement sont allouées, car dans la pratique ces méthodes ne suivent pas nécessairement une règle de stricte proportionnalité.

Année t			
Actif		Passif	
Immobilisations	10.000	Capital	10.000
Disponibilités	0	Fonds d'amortissement	0

Année t+1 (avant réinvestissement)			
Actif		Passif	
Immobilisations	10.000	Capital	10.000
Disponibilités	1.000	Fonds d'amortissement	1.000

	Année t+1	(après réinvestissement)	
Actif		Passif	
Immobilisations	10.000	Capital	10.000
Disponibilités	0	Fonds d'amortissement	0

4. cet exemple quoique légèrement modifié est emprunté à SHAIKH, Explaining The gobal Economic Crisis, 1999

5. La méthode comptable usuelle est appelée mesure du "*stock de capital net*" et consiste à inscrire les immobilisations à l'actif du bilan à leurs valeurs nettes.

Le remplacement de un dixième des immobilisations (celles qui sont devenues hors service) est financé par un prélèvement sur la trésorerie disponible, contrepartie de la reconstitution d'un part des avances en capital fixe (1/10e) .

Non-remplacement

Même si le remplacement des machines usées n'était pas effectué et donc qu'un dixième des machines est mis au rebut et donc sorti du bilan, la masse totale du capital engagé serait inchangée; du fait de la reconstruction progressive des fonds initialement engagés par l'affectation d'une part des liquidités qui résultent de la vente de la production, seule la composition du capital engagé entre capital productif et liquidités (capital-argent) en serait modifiée. Illustrons ce cas par une représentation comptable schématique. Les bilans simplifiés à la clôture des exercices comptables de l'entreprise seraient les suivants :

Année t			
Actif		Passif	
Immobilisations	10.000	Capital	10.000
Disponibilités	0	Fonds d'amortissement	0

Année t+1 (sans réinvestissement)			
Actif		Passif	
Immobilisations	10.000	Capital	10.000
Disponibilités	1.000	Fonds d'amortissement	1.000

	Année t+2	(sans réinvestissement)	
Actif		Passif	
Immobilisations	10.000	Capital	10.000
Disponibilités	2.000	Fonds d'amortissement	2.000

Ainsi de suite jusqu'à la dixième année au terme de laquelle les immobilisations sont totalement remplacées.

Remplacement des immobilisations au terme de la dixième année

Examinons maintenant le cas où les immobilisations hors d'usage sont remplacées durant la dixième année, avant l'ouverture de l'exercice t+11. Les écritures comptables (simplifiées) se décomposent en trois étapes :

1. L'enregistrement de la dernière dotation aux amortissements, ce qui porte la valeur nette de l'immobilisation qui doit être remplacée

à zéro.

2. La sortie du bilan de l'immobilisation hors service.
3. L'acquisition de la nouvelle immobilisation (dont la valeur d'acquisition est supposée identique à la précédente mais ce n'est qu'une hypothèse) et financée totalement par les disponibilités accumulées et inscrites à l'actif du bilan.

	Année t+10		
Actif		Passif	
Immobilisations	10.000	Capital	10.000
Disponibilités	10.000	Fonds d'amortissement	10.000

	Année t+10	(sortie de l'immobilisation H.S.)	
Actif		Passif	
Immobilisations	0	Capital	10.000
Disponibilités	10.000	Fonds d'amortissement	0

	Année t+10	(réinvestissement)	
Actif		Passif	
Immobilisations	10.000	Capital	10.000
Disponibilités	0	Fonds d'amortissement	0

Au terme de ce cycle du capital fixe le potentiel de production est reconstitué à l'identique.

La rotation du capital circulant

Dans une lettre qu'il adresse à son ami F. ENGELS qui depuis 1850 est fondé de pouvoir et dirige la filature Ermen & Engels à Manchester, K. MARX (7 mai 1868) l'interroge sur les méthodes de calcul de la rotation de capital circulant appliquées dans cette firme. Il écrit : "*Voici la question proprement dite. Comment calculez-vous la rotation de la partie circulante du capital (c'est-à-dire les matières premières, les matières auxiliaires, le salaire) ? Quel est par conséquent la grandeur de l'avance de capital circulant ? J'aimerais recevoir à ce sujet une réponse détaillée, illustrée si possible, sur le calcul de la rotation du capital circulant avancé...* " (Lettre sur le capital, ES.p. 217)

F. ENGELS répond de façon laconique le 10 mai 1868 : "*Quant au calcul de la rotation du capital circulant, je ne vois pas bien ce que tu entends par là. Nous ne calculons que la rotation globale, c'est-à-dire la somme des ventes annuelles. Si je te comprends bien, tu veux savoir combien de fois s'effectue en une année la rotation du capital circulant, ou en d'autres termes, combien de capital circulant se trouve dans l'affaire"* Engels, Lettre 10 mai 1868.

L'échange en resta là. MARX n'a pas rédigé le chapitre IV du livre trois intitulé "Effets de la rotation du capital sur le taux de profit". Celui-ci fut rédigé par ENGELS.

Cette question trouva une réponse bien plus tard dans ce qu'il convient d'appeler la méthode comptable de calcul des besoins en financement du cycle d'exploitation, que l'on nomme fonds de roulement normatif.

Le financement du cycle d'exploitation

Le comportement de tout système dépend essentiellement de deux types de variables :

1. Les variables de flux, représentatives du mouvement durant un intervalle de temps, regroupées principalement dans les comptes de résultat et le tableau des flux financiers (tableau de financement).
2. Les variables de stocks, représentatives de la situation à un instant donné, collectées au bilan de la firme (les *emplois* sont inscrits à l'actif du bilan et les *ressources* au passif).

Le besoin en fonds de roulement normatif

Le besoin en fonds de roulement est la partie des besoins en trésorerie qui finance l'activité (stock, créance client) non couverte par les ressources d'exploitation (dettes fournisseurs et salariales principalement). Il est issu du décalage dans le temps entre les encaissements des ressources et les décaissements (paiements).

Il existe plusieurs méthodes pour évaluer les besoins en financement du cycle d'exploitation : soit à partir des données comptables, soit à l'aide du besoin en fonds de roulement normatif qui donne une évaluation plus pertinente que la méthode précédente, fréquemment utilisée dans une perspective prévisionnelle et dénommée "méthode des Experts-Comptables".

Le fonds de roulement normatif représente une estimation du besoin de financement engendré par le cycle d'exploitation. Il se calcule sur la base du chiffre d'affaires moyen qu'on pondère, pour chaque composante : les créances clients, les dettes sociales et les dettes fournisseurs. Chacun de ces postes est évalué en nombre de jours de chiffres d'affaires.

Les principaux composants du besoin en fonds de roulement normatif sont donc :

1. Les composantes qui engendrent un besoin : principalement les stocks de matières premières, d'encours et de produits finis, et les créances clients ;
2. Les composantes qui contribuent au financement du cycle : les dettes fournisseurs (car payées à crédit) ; les dettes vis-à -vis du personnel et les dettes vis-à-vis des organismes sociaux.
3. Les composantes mixtes : dettes ou créances vis à vis de l'Etat.

Dans la pratique, si l'on suit les variations du besoin en fonds de roulement au cours de l'année, on constate une évolution irrégulière, le besoin en fonds de roulement variant brutalement en fonction des règlements des clients, des paiements des fournisseurs et des mouvements des stocks.

Dans le but de prévoir cette évolution, il est possible d'évaluer linéairement le besoin en fonds de roulement. Cette approximation du besoin en fonds de roulement s'appelle le fonds de roulement normatif. Son calcul part du principe que tous les postes constitutifs du besoin en fonds de roulement vont varier proportionnellement avec le chiffre d'affaires.

La méthode normative

On va pouvoir calculer le fonds de roulement normatif de trois manières différentes : *en montant*, *en pourcentage* du chiffre d'affaires annuel hors taxes (C.A. H. T.), en *jours de C.A. H.T.*. Les résultats obtenus, bien qu'exprimés différemment ont exactement la même signification. Quelle que soit la méthode utilisée, il faudra déterminer un niveau moyen des comptes constitutifs du besoin en fonds de roulement.

A. En pourcentage de CA HT ou en montant : On divisera la somme des composantes positives sous déduction des composantes négatives par le CAHT annuel. Ce pourcentage multiplié par le C.A. H. T. annuel prévisionnel permettra de déduire le montant de liquidités qui doit être immobilisé pour respecter un équilibre financier.

B. En jour de CAHT, après avoir déterminé un niveau moyen de compte, on déterminera un temps d'écoulement du compte qui, multiplié par un ratio de structure, donnera un nombre de jours de C.A. H. T.

Schématiquement le cycle d'exploitation peut se définir comme la séquence :

Formes fonctionnelles		Formes d'existence	Exemples
Capital fixe	Moyens de production	Immatériels	Frais de développement
		Machines	Un tour, une fraiseuse, ...
Capital circulant	Objet de travail Autre	Mat. premières Énergie	Fer Électricité
Capital variable	Travail	Force de travail	Les salariés

En réalité ce cycle d'exploitation peut lui-même être décomposé en trois cycles différents :

1. Un cycle d'approvisionnement en matières premières

Commande → Livraison → Stockage → Règlement des fournisseurs

1. Un cycle de production caractérisé par l'existence de stocks de matières, de produits en cours et de produits finis, et par le versement de salaires en fin de mois. Il est défini par les deux principales séquences suivantes :

Stocks matières → Production (⇕ Stocks d'en-cours) → Stocks produits finis

Embauche de salariés → Exécution des travaux → Paiement des salaires

1. Un cycle commercial qui résulte d'un encaissement avec un certain délai après l'émission des factures clients. Il suit la séquence :

Commandes → Livraison des clients → Facturation → Règlements

Pour être complet il faudrait aussi tenir compte du cycle de règlement de la T.V.A. sur les ventes et les achats.

Les besoins en financement résultent des décalages caractéristiques du cycle d'exploitation :

1. décalages pourtant sur les flux physiques : ils proviennent des longueurs des cycles d'approvisionnement de production et de commercialisation,

2. les décalages entre les flux physiques et les flux de cash qui leur sont associés : ils proviennent des délais de règlement (par exemple de fournisseurs) et des délais de paiement (principalement les clients).

Traduction comptable simplifiée

On considère une firme dans laquelle les produits sont fabriqués et vendus dans les conditions simplifiées suivantes (en milliers d'euros).

Compte de résultat	Montants €	Structure %
I. Produits		
Ventes de marchandises	180.000	30%
Ventes de produits finis	420.000	70%
Total des produits	600.000	100%
II. Charges	€	%
Achats matières premières	150.000	25%
Achats de marchandises	120.000	20%
Salaires	129.600	21.60%
Cotisations sociales	86.400	14.40%
Autres charges externes	42.000	7%
Dotations aux amortissements	30.000	5%
Résultat	42.000	7%
Total des charges	600.000	100%

Application au calcul du besoin de financement né du cycle d'exploitation

Nous admettrons que les règles de gestion usuelles dans cette firme sont les suivantes :

Délais de règlement :

1. Les fournisseurs de marchandises accordent un délai de 30 jours.
2. Les fournisseurs de matières premières accordent un délai de 60 jours fin de mois.
3. Les autres fournisseurs (services) accordent un délai de 30 jours.
4. Les clients règlent les factures en moyenne à 30 jours fin de mois.

Modalité de paiement :

1. Les salaires sont payés le 30 du mois.

2. Les cotisations sociales sont versées le 15 du mois suivant les paiements des salaires.
3. La TVA le 25 de chaque mois

Rotations des stocks

1. La rotation des stocks de marchandises est de 12 jours
2. Celle des stocks de matières premières de 6 jours
3. Celle des produits finis de 9 jours
4. Le taux de T.V.A. est égal à 5,5% sur les achats et ventes de marchandises et à 20% sur les ventes produits finis, les achats de matières premières et autres.

Calcul des coefficients de structure

Les coefficients de structure servent à homogénéiser les différents délais d'écoulement et les délais de règlement.

Composantes	Coefficients de structure	Valeurs	Coefficients
Besoins en trésorerie		en k€	
Stocks de marchandises	([6])	120/600	0.2
Stocks de Matières premières	([7])	150/600	0.25
Stocks de Produits finis	([8])	354/600	0.59
En-cours Clients (créances)	([9])	720/600	1.2
TVA déductible (créance)	([10])	45/600	0.075
Ressources en trésorerie			
Fournisseurs marchandises	([11])	120*1.055/600	0.211
Fournisseurs matières premières	([12])	150*1.2/600	0.3
Autres (Services)	([13])	(42)*1.2/600	0.084
Personnel	([14])	129.6/600	0,216
Organismes sociaux	([15])	86.4/600	0.144
TVA collectée	([16])	93.9/600	0.1565

Si les recettes mensuelles d'une entreprise sont encaissées chaque jour et si les salaires sont payés le 30 de chaque mois, alors les salariés (en moyenne) font une avance de trésorerie à l'entreprise du 15 du mois au 30 du mois, soit une durée de 15 jours. Une telle avance est enregistrée par les comptables au passif du bilan de l'entreprise car elle représente une ressource financière pour l'entreprise.

De même les organismes sociaux sont généralement payés le 15 du mois suivant le mois durant lequel les salaires ont été payés. L'avance va ainsi du 15 du mois courant (m) au 15 du mois suivant (m+1) et représente donc 30 jours. Elle constitue aussi une ressource en trésorerie pour l'entreprise.

Calcul du besoin en financement du cycle d'exploitation en jours de chiffre d'affaires

Composantes	Stocks ou Délais (en jours effectifs)	Coefficients de pondération	BFR (en jours de C.A. HT)
Actifs d'exploitation			
Stocks de marchandises	30j	0.2	6
Stocks de matières premières	60j	0.25	15
Stocks Produits finis	40j	0.59	23.6
Clients	45j	1.2	54
TVA déductibles	40j	0.075	3
Sous-total			101.6
Dettes d'exploitation			
Fournisseurs marchandises	30j	0.211	6.33
Fournisseurs matières premières	75j	0.3	22.5
Autres fournisseurs (Service)	30j	0.07	2.1
Personnel (dette)	10j	0.216	2.16
Organismes sociaux (dette)	30j	0.144	4.32
TVA collectée (dette)	40j	0.1537	6.148
Sous-total			43.558
BFR en jours de CA			58.042

Il ressort de ce tableau que le BFR total est égal à 58.042 jours de chiffres d'affaires. Il devient maintenant possible d'estimer le BFR pour différentes niveaux d'activité à l'aide de la formule suivante :

$$BFR\ en\ euros = BFR\ en\ jours\ de\ CA * \frac{CA\ réalisé}{360}$$

soit en l'espèce, pour un chiffre d'affaires prévisionnel de 550..000 €, le BFR serait de 88.675 k€.

3.3. Conclusion

Compte tenu des différents éléments exposés ci-dessus, le besoin en trésorerie lié au cycle d'exploitation n'est pas la simple addition des charges de matières premières et des frais de personnel (C+V= 527 k€) comme cela est souvent indiqué par erreur mais un montant nettement moins important (88.675 k€ dans notre exemple numérique) en raison de la couverture d'une partie des besoins par les encaissements des créances clients (ici supposés quotidiens et réguliers) et du jeu complexe des ressources ou besoins de trésorerie venant des différents cycles décrits ci-dessus relatifs aux partenaires de l'entreprise (les fournisseurs, le personnel, les organismes sociaux et l'Etat).

Définir le coefficient alfa qui a converti le capital engagé (le capital en mouvement) en capital investi. [6]

$$BFR_i = \alpha_i(C_{i,t} + V_{i,t})$$

Ce besoin est financièrement couvert par le fonds de roulement qui est l'excédent des ressources stables sur les décaissements qui furent nécessaires pour les acquisitions d'immobilisations encore présentes dans la firme à l'ouverture de l'exercice comptable.

Le capital total parcourt des cycles dont les durées sont différentes, les prix des entrées (les "inputs") et ceux des sorties (les "outputs") ne sont pas tous déterminés simultanément et ils ne sont pas pour autant tous déterminés préalablement à la période de référence considérée.

Les éléments acquis avec la part des fonds engagés que l'on nomme "capital fixe" (et qui sert pour l'acquisition des "machines" au sens générique) sont généralement évalués antérieurement à la période de production considérée. La quantité d'équivalent général (monnaie) qui fut nécessaire pour les acquérir est connue au moment où est engagée la production. Elle est insensible à leurs dévalorisations (ou valorisation dans le cas par exemple des terres) éventuelles et ne dépend pas des méthodes comptables ou fiscales d'amortissement de ces immobilisations. Cette masse de moyens de financement est récupérée progressivement pendant toute la durée d'utilisation des "machines" sur les chiffres d'affaires générées par la vente des productions concernées.

Les éléments acquis avec la part des fonds engagés que l'on appelle "*capital circulant*" (les matières premières) sont généralement produites et consommées productivement durant la période actuelle de référence

6. Remarque : cette définition du capital investi ne tient pas compte des effets de levier qui peuvent résulter du rapport, au passif du bilan comptable, entre les fonds propres (capital, réserves, fonds d'amortissement) et des dettes financières.

(l'année). Ces marchandises apparaissent dans le système analytique en tant qu'input et qu'output. Leurs prix sont identiques et déterminés durant leur période de production, ici la période de référence.

Enfin la part des fonds engagés qui sert à verser un salaire aux travailleurs directs que l'on nomme "*capital variable*" est récupérée généralement chaque mois de l'année par les ventes quotidiennes des marchandises produite. Le salarié qui est payé en fin de mois, fait généralement l'avance de cette somme à son employeur qui lui n'a pas attendu la fin du mois pour écouler les marchandises produites et peut avoir déjà encaissé le chiffre d'affaires correspondant.

Ainsi est réalisée une synthèse acceptable entre diachronie et synchronie. Dans le chapitre suivant nous présentons les conséquences de cette présentation nouvelle du capital en mouvement sur le processus de transformation et sur les calculs du taux de profit et des prix de production.

4. Le capital fixe et la transformation

"Lors de la répartition de la plus-value sociale entre les capitaux placés dans différentes branches d'exploitation, les différences entre les périodes pour lesquelles le capital est avancé (p.ex. la durée différente du capital fixe) et les différences dans la composition organique du capital (donc la circulation différente du capital constant et du capital variable) contribuent, au même titre , à l'égalisation du taux général de profit et à la transformation des valeurs en prix de production"
MARX, Le Capital, E.S. II, t IV, p. 200

Nous pouvons tirer de la brève évocation de la théorie du cycle du capital exposée dans le chapitre précédent plusieurs conclusions pratiques primordiales pour l'étude de la transformation des valeurs en prix de production de marché :

1. Le capital fixe (en tant que somme des moyens financiers qui permettent d'acquérir les biens dont la durée de vie est supérieure à l'année) est l'interface entre le passé et le présent et en tant qu'élément du capital mort, il transmet sa valeur au produit total de la période, sans redéfinition de sa grandeur, par fractions constantes dont les montants dépendent exclusivement de sa durée d'immobilisation et des quantités de marchandises produites.

2. Le processus de transformation des valeurs en prix de production de marché est un moment dans le cycle pluriannuel du capital mais ne recouvre pas l'ensemble du cycle lui-même. Dans une conception cyclique du capital, schématisée par A - M. . . P . . . M' - A', le moment où se réalise la transformation des valeurs en prix de production de marché se situe dans la séquence finale M'-A' (que MARX appelle le saut périlleux de la marchandise[1]). Pour une marchandise quelconque, même si celle-ci est utilisée pendant plusieurs cycles de production, le processus de transformation est unique. Aussi seules les marchandises qui font l'objet

1. *Le Capital,* LI, t1, E.S., p.115

d'une transaction d'achat-vente durant la période considérée (généralement un exercice d'une durée d'un an) ont leurs valeurs transformées en prix de production et pas celles qui ont été produites et vendues lors d'une période précédente.

4.1. Survol de quelques exposés antérieurs de la question

Nous sommes redevables à de nombreux auteurs dont MARX, ENGELS, BORTKIEWICZ, SCHLESINGER et BRODY, et les membres du The Temporal Single Interpretation (TSSI), pour ne citer que les principaux, qui posèrent les premiers jalons.

Marx et Engels

Dans les écrits de MARX le problème général de la transformation des valeurs en prix de production tient compte du capital fixe et du transfert de sa valeur par fractions constantes sur la durée d'utilisation des immobilisations.[2] Toutefois face à la complexité de la formulation il formula souvent l'hypothèse d'un capital constant qui transfère la totalité de sa valeur au produit lors d'un seul cycle de production[3]. ENGELS apporta certains éclaircissements sur cet aspect. Chacun sait que le livre III du *Capital* de MARX a été publié en 1894 par ENGELS, bien après la mort de son auteur. Celui-ci eut la lourde tâche de mettre au clair un manuscrit à l'état de brouillon et fut amené à apporter certains compléments, c'est le cas du chapitre IV du Livre III, entièrement rédigé de sa main, qui présente une définition du taux de profit relativement au capital total avancé (c'est-à-dire y compris le capital fixe) et non pas les seuls coûts matières et salariaux (capital circulant + capital variable), comme le fit souvent MARX

Toutefois sur cette question des effets des mouvements de capitaux sur le taux de profit et les prix on peut légitiment estimer que l'exposé de MARX ne bénéficie pas de la même clarté d'exposition. Le livre III est resté à l'état de brouillon après le décès de son auteur en 1883 et ne fut publié qu'en 1895 (date à vérifier) par F. ENGELS. C'est notamment vrai pour le chapitre X qui aborde différentes questions, mais dans lequel il ne développa pas d'exemples chiffrés, ni de modèle arithmétique.

---

2. On trouvera un exposé précis dans [21], Appendix II. Transformation with fixed capital : MARX's example, p. 113.

3. Lettre sur *Le Capital*, 2 août 1862

Le temps de rotation

La rotation du capital productif est l'unité de la période de production de la période de circulation et comprend par conséquent tout le procès de production. Les effets de la rotation du capital sur la production de plus-value ont été examinés par MARX dans le livre II de *Capital.* (voir E.S., t. 1, p.269 82) et dans le livre III, ENGELS expose les effets de la rotation du capital sur le taux de profit (*Le Capital*, Livre III, chapitre IV, E.S., p.89) desquels il ressort les éléments suivants.

Pour une masse identique de capital engagé, la réduction du temps de rotation (temps de production et temps de circulation) accroit la masse de plus-value produite. Et le taux de profit, exprimant le rapport de la masse de plus-value produite pendant l'année (la période de référence) à l'ensemble du capital engagé pour sa production, en conséquence augmentera. La masse de plus-value produite au cours de l'année est donc égale à la quantité de plus-value produite dans une période de rotation du capital variable, multipliée par le nombre de ces rotations dans l'année. Ce qui revient à dire qu'un capital engagé de 1.000 unités monétaires qui effectue cinq rotations dans l'année dégage annuellement la même quantité plus-value qu'un capital engagé de 5.000 unités qui n'effectue qu'une seule rotation dans l'année.

La rotation rapide du capital est associée à un capital moins lourd. En conséquence, les profits (numérateurs) sont rapportés à un investissement plus faible (dénominateur). MARX donne l'exemple suivant dans le livre II du Capital. Prenons un capital A de 500 € et un capital B de 5000 €. Le capital A produit des marchandises qui peuvent être terminées et vendues en cinq semaines, le capital B produit des marchandises qui peuvent être terminées et vendues en 50 semaines.

Chaque capital investit 100 € par semaine en travail et matières premières (abstraction faite du capital fixe) et produit 100 € de plus value. Donc au bout de cinq semaines le capital A a produit des marchandises pour une valeur de 500 € (capital) + 500 € (plus-value) = 1 000 € qui peuvent être vendues immédiatement.

Le capitaliste A peut donc réinvestir ses 500 € pour un nouveau cycle de production (et met la plus-value de côté). Le capitaliste B lui, doit attendre 50 semaines pour pouvoir vendre sa marchandise qui vaut 5 000 € (capital) + 5 000 € (plus-value) = 10 000 €. Son taux de profit est donc de 5000/5000= 100 %

Le premier capitaliste a produit tout autant de plus-value en un an, mais avec un capital dont le montant est dix fois moindre, son taux de profit est donc 5000/500=1000%

L. von Bortkiewicz

On trouve aussi dans les travaux de l'économiste L.von BORTKIEWICZ[68] des éléments intéressants. Il présente dans ses premiers écrits le problème général de la transformation des valeurs en prix de production en tenant compte du capital fixe (f_i) et de son amortissement (d_i) sur la durée d'utilisation des immobilisations. La valeur d'une marchandise est égale à la fraction du capital constant consommé plus la valeur additionnelle (V + M) : $W_i = \alpha_i C_i + V_i + S_i$ où $0 \leq \alpha_i \leq 1$ et le prix de production est égal aux coûts de production plus le profit moyen : $P_i = (\alpha_i C_i + V_i) + r(C_i + V_i)$. Le terme C_i correspond au coût d'acquisition des immobilisations, n à la durée de vie de celles-ci et $\alpha_i = \frac{1}{n}$ à la fraction du capital constant consommé. Ces paramètres sont donnés et invariants, donc la valeur transférée à la production d'une année, qui est le rapport de deux termes constants, est aussi constante, même si l'auteur ne le précise pas.

Mais par la suite l'auteur change de position et dans un second article, il affirme que *«la totalité du capital avancé (et donc aussi le capital constant) effectue sa rotation en un an et réapparaît dans la valeur ou le prix du produit d'un an »*[70]. L'ensemble du capital constant est usé lors d'une seule période de production, autrement dit le capital fixe (les machines) n'est pas pris en considération mais seulement le capital circulant (les matières premières).

Rudolf B. Schlesinger

Nous avons aussi été inspirés par travaux du théoricien marxiste, spécialiste de l'URSS, RUDOLF SCHLESINGER [56][4], pour qui il n'est pas nécessaire d'employer la terminologie marxiste pour décrire les phénomènes économiques. Pour cet auteur les prix de production doivent être calculés sur le total du capital engagé et pas seulement sur la part qui est consommée chaque année. Il définit les prix de production en notant f_i le capital fixe dans une entreprise, d le nombre d'années (en moyenne) pour son remplacement, r les coûts des matières premières et w le montant des salaires dépensés durant une période de circulation et e ne nombre de

4. Rudolf B. Schlesinger, né le 4 février 1901 à Vienne en Autriche, mort le 11 novembre 1969 à Glasgow en Écosse, est un théoricien marxiste et un spécialiste britannique de l'URSS. Wikipedia.

cycles de production dans une année. Par ailleurs si l'on pose Σf, Σr, Σw les sommes des dépenses correspondantes de la totalité des entreprises qui forment l'économie nationale, alors le prix de la production annuelle de cette entreprise doit être égal à[5] :

$$\left[\tfrac{f}{n} + (c+w)e \right] + (f+c+w)\frac{PNN - \Sigma w_i}{\Sigma f_i + \Sigma c_i + \Sigma w_i}$$

où PNN est le produit national net.

Cette formule revient à définir le prix de production comme la somme des coûts de production plus la quote-part du profit qui revient à l'entreprise en fonction du capital qu'elle a avancé pour financer ce type de production. Les coûts de production correspondent d'une part au capital fixe avancé divisé par le nombre d'années durant lesquelles les machines sont utilisées, les coûts de matières premières et des salaires correspondent aux montants dépensés durant un cycle de production multipliés par le nombre de cycles dans l'année, d'autre part le capital fixe avancé est défini comme la somme du capital fixe engagé plus le fonds qui finance les coûts des matières premières et le fonds salarial de chaque cycle. SCHLESINGER différencie très clairement les stocks de capital engagés (ou fonds) des montants des coûts annuels comptabilisés.

Cette approche nous a semblé intéressante car elle prend en compte le nombre de périodes de circulation du capital durant une année et le nombre d'années (en moyenne) durant lesquelles sont utilisées les immobilisations. En outre l'auteur définit le profit total de l'économie par la différence entre le Produit National Net (PNN) et la masse salariale de l'économie, ce qui laisse à penser qu'il différencie l'autofinancement du profit (autofinancement = amortissement + profit), le Produit National Net étant entendu comme le Produit national net moins la reconstitution du capital fixe engagé, point sur lequel nous reviendrons dans cet ouvrage.

Andras Brody (1924 - 2010)

Citons aussi BRODY qui, selon nous, s'est le plus approché de la solution.[5] Son apport nous paraît fort intéressant car il distingue le temps

5. Dans cette expression f est le capital fixe d'une entreprise, n le nombre d'années nécessaires pour son remplacement (en moyenne), c les coûts des matières premières, w les salaires versés sur une période de production, e le nombre de périodes de circulation dans l'année (dans laquelle le capital revient) et Σf_i , Σc_i, Σw_i, les sommes des dépenses de l'ensemble de l'économie. RNN = Revenu national net, p. 137.

nécessaire pour récupérer le capital avancé ("turn over period") et la durée de vie des immobilisations qui est une caractéristique physique des "biens capitaux". Il examine un système de prix dans lequel le surplus est réparti proportionnellement au capital avancé (et non les seuls coûts de production). Le prix de production est alors égal aux coûts de production plus la part de profit annuel en proportion du total du capital investi (et pas seulement consommé), selon l'équation suivante : $p = pA + rB$, dans lequel il distingue deux matrices, la matrice A des flux et la matrice B des stocks de capital en début de période.

Toutefois l'auteur ne va pas jusqu'au bout de sa logique et admet que les éléments qui composent le capital avancé peuvent être mesurés par des grandeurs physiques, sans intervention des prix. Ce qui revient à dire ceux-ci n'ont pas été achetés avant la mise en route de la production, non pas subit une transformation et que la valeur du capital fixe est déterminée par les conditions actuelles de production et non par la quantité de moyens financiers qui a été nécessaire pour acquérir les biens qui le composent. Ce faisant il confond le capital en tant que moyen de financement (somme de moyens financiers ou d'argent) et le capital en tant que valeur d'usage, un ensemble de marchandises (bâtiments, machines, etc.) dont les prix seraient annuellement réactualisés en fonction des conditions nouvelles de production. Ceci le conduit à fusionner les matrices A et B. Cette hypothèse lui permet de définir le problème en tant que problème de valeurs propres et de vecteurs propres et lui permet d'utiliser les théorèmes de FROBENIUS pour calculer te taux de profit et surtout d'annihiler la question de l'origine du profit. L'apport de BRODY se résume à compléter la matrice des flux (A) par la matrice des stocks (B) sans modifier la problématique. BRODY propose ensuite un exemple numérique peu probant puisque les prix obtenus sont identiques aux valeurs initiales (p. 44).

The Temporal Single Interpretation (TSSI)

Nous sommes aussi fortement redevables aux membres du courant TSSI pour qui la valeur transférée à la production par les éléments du capital constant est simplement le montant de monnaie qui a été nécessaire pour acquérir ces marchandises ([16, 15]). Cette interprétation a présenté un point de vue différent sur la détermination du capital constant - ou plutôt au moins deux points de vue différents. John ERNST (1982), Alan FREEMAN (1985) et d'autres ont fait valoir que la valeur du capital constant est déterminée par les coûts historiques réels des moyens de production, de sorte que la valeur du capital constant existant ne soit pas affectée par un changement de valeur des moyens de production. ANDREW KLIMAN a présenté une interprétation plus compliquée selon laquelle le stock de capital constant serait déterminé par les coûts historiques des moyens de production, alors que le flux de capital constant serait déterminé par la valeur des moyens de production au moment où ceux-ci entrent dans le processus de production, c'est-à-dire qu'ils sont déterminés par ce que Andrew appelle les «coûts courants de pré-production». Mais si la valeur des moyens de production change après l'entrée d'un ensemble donné de moyens de production dans le processus de production et avant la vente de la production obtenue à partir de ces moyens de production, cela n'affectera pas la valeur des moyens de production déjà en production.

Nous avons poursuivi cette approche en affirmant que le capital fixe, dans sa forme financière, correspondait au montant des fonds nécessaires pour acquérir les marchandises utiles dans le processus de production et dont la durée de vie est supérieure à la durée du cycle de production proprement dit. (cf le paragraphe suivant).

Le taux de profit doit être défini par rapport au montant du capital engagé en début de période indépendamment du degré d'amortissement des immobilisations concernées.

Bangxi Li

Signalons enfin l'ouvrage récent de Bangxi LI [33] qui calcule les valeurs des produits en tenant compte du capital fixe, ainsi que les prix de production dans l'économie chinoise. Il calcule ensuite les ratios des prix de production aux valeurs de 24 principaux produits, en tenant compte de la transformation des valeurs en prix de production. Il est démontré ainsi que le rapport prix / valeur dans l'agriculture est le plus bas, ce qui indiquerait que l'agriculture est confrontée à un échange inégal avec les autres secteurs.

4.2. Le capital en mouvement dans notre approche

Dans notre formalisation, le capital constant est décomposé en deux éléments, le capital fixe (noté F) et le capital circulant (noté C). Nous partirons de la formalisation établie à la fin du chapitre précédent pour la branche "i" dans laquelle la période de référence (l'année) est notée t.

Le capital fixe est généralement acquis lors des périodes qui précédent la période durant laquelle s'effectue la production, aussi noterons nous le capital fixe de la banche i de la façon suivante : $F_{i,t-1}$.

Le capital circulant ou financement du besoin en fonds de roulement, est composé des fonds nécessaires pour l'acquisition des matières premières et auxiliaires et des fonds nécessaires pour rémunérer la force de travail :$C_{i,t} + V_{i,t}$.

Le prix de production dans la banche i se note :

$$p_{i,t} = \frac{F_{i,t-1}}{n_i} + C_{i,t} + V_{i,t} + r(F_{i,t-1} + C_{i,t} + V_{i,t})$$

Les coûts de production sont composés de trois éléments : Les remboursements du principal sur les montants des fonds engagés pour acquérir les moyens de productions durables, les dépenses faites pour acquérir les matières premières et autres avec la part des fonds avancés que l'on nomme *capital circulant* et les fonds engagés pour embaucher les forces de travail nécessaires pour faire fonctionner cet ensemble productif pendant un an.

Si nous prolongeons l'analyse et si nous simplifions ces nouvelles notations, le problème de la transformation peut être formalisé de la façon suivante :

Système en valeur :

$$D_i \quad + \quad C_i \quad + \quad V_i \quad + \quad S_i \quad = \quad W_i$$

La valeur d'une marchandise est composée de quatre éléments : la reconstitution des fonds avancés correspondant au capital fixe (D_I), le capital constant circulant (nommé généralement capital circulant, C_i), le capital variable (V_i) et la plus-value (S_i).

Système en prix de production :

Le profit est égal aux coûts de production évalués en prix plus le profit moyen :

$$D_i \quad + \quad C_i x_1 + \quad V_i x_2 \quad + \quad r(F_i + C_i x_1 + V_i x_2) \quad = \quad P_i = x_i W_i$$

Cette formulation diffère des notations usuelles car la part des moyens de financement qualifiée de récupération du capital fixe n'est pas "transformée". Celle-ci correspond à la masse de valeur transférée à la production de la période actuelle en provenance des périodes antérieures.

Conséquence sur le calcul du taux de profit

Dans ce paragraphe nous illustrons la conséquence de la prise en considération du capital fixe selon notre méthode par rapport à un système à capital circulant d'une part et un système à capital fixe selon la méthode de von Neumann et SRAFFA.

Cette écriture conduit immanquablement à un système analytique avec seconds membres, de la forme $AX = B$ car une partie de la valeur de la production de la période est héritée des périodes antérieures par l'intermédiaire de la récupération progressive des moyens de financement qui correspondent au capital fixe (les D_i). Le principal résultat de cette présentation est que le terme $t = r + 1$ ne peut plus être calculé selon la méthode standard décrite ci-dessus. Un tel système avec second membre, $AX = B$, n'a de solution que si la matrice A est inversible, ce qui implique que son déterminant est différent de zéro, $detA \neq 0$.

Dans la problématique standard nous avons une situation inverse, la forme générale du système est $AX = 0$, il s'agit d'un système homogène qui n'a de solutions autres que les solutions triviales que si $detA = 0$, ce qui permet de calculer le taux de profit (et t = r+1) à l'aide de l'équation caractéristique de la matrice A.

Calcul du taux de profit dans un système à capital circulant selon la méthode standard

Nous avons exposé précédemment les formulations de BORTKIEWICZ et de MEEK, nous présentons ici la formalisation la plus élaborée du XXe siècle qui présente le système des prix sous une forme de Frobenius.

Le système à capital circulant qui est initialement écrit de la façon suivante :

$$AP(1+r) = P$$

peut être présenté différemment sou la forme dite de FROBENIUS :

$$AP = \frac{1}{1+r}P$$

ou

$$AP = \lambda P$$

La résolution de ce système consiste à calculer la valeur propre dominante de la matrice A et le taux de profit : $r = {}^1\!/\!_\lambda - 1$. [En l'espèce λ_{max} =0.8 et $r = 0.25$.]

Ce taux est indépendant des volumes des capitaux engagés dans les branches car la valeur propre dominante de la matrice est une variable structurelle du système.

Ceci peut être montré en présentant différemment ce problème et en retenant à la formulation de MEEK, selon laquelle $AX = 0$, version probablement moins « moderne » mais équivalente à la précédente. Le système initial est le suivant :

$$(C_1x_1 + V_1x_2)(1 + r) = W_1x_1$$
$$(C_2x_1 + V_2x_2)(1 + r) = Wx_2$$

Dans un premier temps sont calculés des coefficients en divisant les termes C_i et V_i par W_i, il vient :
$(c_1x_1 + v_1x_2)(1 + r) = x_1$
$(c_2x_1 + v_2x_2)(1 + r) = x_2$
Dans ce système les volumes de production n'apparaissent plus. Il peut aussi être écrit sous la forme matricielle suivante en transférant toutes les variables sur le côté gauche du système (et où t=1+r) :

$$\begin{bmatrix} 1 - tc_1 & -v_1t \\ -c_2t & 1 - tv_2 \end{bmatrix} \begin{bmatrix} x_1 \\ x_2 \end{bmatrix} = \begin{bmatrix} 0 \\ 0 \end{bmatrix}$$

Ce système peut être présenté sous forme matricielle condensée : $(I - A)X = 0$, dans lequel I est la matrice unité et :

$$A^* = I - A = \begin{bmatrix} 1 - tc_1 & -v_1t \\ -c_2t & 1 - tv_2 \end{bmatrix}$$

Dans ce système, le taux de profit est déterminé par les conditions d'homogénéisation, c'est-à-dire qu'on attribue au taux de profit la valeur ad hoc qui octroie au déterminant de la matrice $A^* = I - A$ la valeur zéro. En effet un tel système d'équations linéaires n'est jamais impossible. Il admet au moins la solution zéro mais économiquement cette possibilité n'a pas d'intérêt, aussi l'économiste cherchera des solutions autres que la solution triviale, $x_i = 0 \ \forall$ i. L'analyse mathématique montre que la condition nécessaire et suffisante pour qu'un tel système dit homogène admette des solutions autres que la solution zéro est que son déterminant soit nul.

Cette analyse conduit dans la problématique de L. von BORTKIEWICZ, à l'équation de détermination du taux de rentabilité, défini comme la variable d'ajustement qui permet de respecter cette condition ; puis à la détermination des coefficients x_1 et x_2, à un paramètre lambda prêt et enfin le choix d'un «postulat» d'invariance (le problème dit du bouclage, voir SETON pour un exposé très clair de ce point).

Cette caractéristique qui a une importance primordiale au niveau de l'analyse économique résulte de la propriété suivante des déterminants :

si l'on multiplie une ligne (une colonne) de la matrice A par un coefficient quelconque k, différent de zéro et un, on obtient la matrice B. Le déterminant de la nouvelle matrice est égal à k fois le déterminant de A, $det(B) = k * det(A)$. Et la condition ci-dessus reste identique puisque k est supposé différent de zéro. Le déterminant de la matrice B sera nul si det(A)=0.

L'interprétation économique de cette propriété est la suivante : le taux de profit est inchangé si l'on multiplie (ou divise) la grandeur d'une branche par un coefficient K différent de zéro.

Dans les systèmes homogènes de détermination des prix, le taux de profit est défini en tant que solution de l'équation caractéristique de la matrice A des coefficients socio-techniques (det A = 0). La théorie académique a imaginé une détermination du taux de profit par les conditions d'homogénéisation du système des équations d'établissement des prix. Ces systèmes devaient dès lors être impérativement des systèmes homogènes.

Nous pouvons illustrer ce point sur un exemple simple, soit le système suivant formé de deux branches[6] :

Branche	D	C	V	S	W
I	25	200	90	60	375
II	20	80	120	80	300

Quel est le taux de profit courant ? Deux réponses sont généralement proposées.

La première réponse est celle des néo-ricardiens pour qui le taux de rentabilité est de 25 %. Très schématiquement, la théorie dominante va définir des coefficients à partir des produits de chaque branche. Il en résulte une matrice A des coefficients techniques :

$$A = \begin{bmatrix} 3/5 & 6/25 \\ 1/3 & 2/5 \end{bmatrix}$$

Rappelons que nous travaillons sur le système homogène d'équations linéaires suivant :

Tableau 7.14

$$\begin{bmatrix} (15/21)t - (25/21) & (6/21)t \\ (5/11)t & (6/11)t - (15/11) \end{bmatrix} \begin{bmatrix} x_1 \\ x_2 \end{bmatrix} = 0$$

6. Cet exemple est construit à partir des deux premières branches de l'exemple emblématique de von Bortkiewicz [1907] dans lequel il est supposé que le capital constant est consommé en une seule année, « C » représente ici la somme du capital fixe consommé et du capital circulant.

Ce système homogène n'a de solutions autres que les solutions triviales que si Det [A] = 0, soit :

$$Det\,[A] = 0,2597t^2 - 1,6234t + 1,6234 = 0$$

La solution de cette équation est t = 1.25 et r = 25 %. Il est important de souligner que la grandeur de ce taux de rentabilité est indépendante de l'allocation du capital, du montant des productions des branches et de la composition organique moyenne.

La seconde réponse serait celle de MARX, pour qui le taux de profit d'une période dépend du taux d'exploitation, de la composition organique moyenne du système et de l'allocation du capital entre les branches [7]. Le taux de profit correspond au montant des plus-values sur le montant du capital avancé, soit ici 26,17 % [8]. Mais si le volume d'une des deux branches était multiplié par un nombre différent de zéro (2 ferait l'affaire) alors cette grandeur du taux de profit serait modifiée. Par exemple si la grandeur de la seconde branche est multipliée par 2, la nouvelle grandeur du taux de profit est de 29,14 % [9] contre 26,17% précédemment, alors que le taux de rentabilité des auteurs néoricardiens n'est pas modifié (nous traitons plus longuement de ces points qui concernent l'influence des volumes de capital engagé sur le taux de rentabilité dans le prochain chapitre).

Examinons maintenant ce point dans le cadre d'un système à capital fixe.

Calcul du taux de profit dans un système à capital fixe selon notre méthode

À partir de l'exemple numérique emblématique de von BORTKIEWICZ adapté de manière à tenir compte du capital fixe [10], nous nous proposons de calculer le taux de profit (et seulement ce ratio, le calcul des prix de production sera exposé dans les prochains chapitres).

7. *[38]*, Livre III, tome I, page 179.

8.
$$r = \frac{60+80}{225+100+90+120} = \frac{140}{535} = 26,17\%$$

9. $r = \frac{60+160}{225+200+90+240} = \frac{220}{755} = 29,14\%$,

10. Les deux premières équations du système de BORTKIEWICZ [70] sont :

$$\begin{array}{ccccccccc} 225 & + & 90 & + & 60 & = & 375 \\ 100 & + & 120 & + & 80 & = & 300 \end{array}$$

Nous avons arbitrairement admis que le capital constant se répartissait en capital fixe (amorti sur cinq ans) et capital circulant de la façon suivante :

L'exemple numérique part d'un capital total avancé ($\Sigma F_i + \Sigma C_i + \Sigma V_i$) d'un montant posé égal à 715 milliards d'euros dont la répartition est quelconque.

Branche	D	C	V	S	W
I	25	200	90	60	375
II	20	80	120	80	300

Le système analytique est régulier [11]le taux de profit ne peut plus être calculé par la méthode standard. Il sera donc calculé selon la méthode de MARX et est égal au rapport entre la plus-value créée dans les deux branches sur le total du capital avancé dans celles-ci (y compris la totalité du capital fixe), soit ici $(60 + 80)/(415+300)=140/715=19{,}58\%$.

Nous savons que les prix de production de marché sont égaux aux coûts de production (y compris la récupération progressive du capital engagé) augmentés de la quote-part de plus-value sociale à laquelle les capitalistes d'une branche peuvent prétendre en raison de la masse de capital qu'ils ont engagé dans le système productif. Dans un système de deux branches, nous avons :

$$\begin{array}{l} D_1 + C_1x_1 + V_1x_2 + r(F_1 + C_1x_1 + V_1x_2) = W_1x_1 \\ D_2 + C_2x_1 + V_2x_2 + r(F_2 + C_2x_1 + V_2x_2) = W_2x_2 \end{array}$$

En séparant les variables sur la partie gauche de l'équation et les paramètres sur la partie droite, nous obtenons le modèle analytique de détermination des prix à partir des valeurs :

$$\begin{array}{rcrcl} (C_1t - W_1)x_1 & + & V_1tx_2 & = & -rF_1 \ -D_1 \\ C_2tx_1 & + & (V_2t - W_2)x_2 & = & -rF_2 \ -D_2 \end{array}$$

Ce système de deux équations et trois inconnues est régulier, c'est-à-dire qu'il possède un second membre non nul à droite du signe égale, formé de constantes. Il est de la forme générale :

$$AX = B$$

$$\begin{array}{lllllllll} & \nearrow & D_1 & = & 25 & d'où & F_1 & = & 25 * 5 = 125 \\ et & K_1 & = & 125 & + & 200 & + & 90 & = 415 \\ 225 & \to & C_1 & = & 200 \\ & \nearrow & D_2 & = & 20 & d'où & F_2 & = & 20 * 5 = 100 \\ & & & & & et & K & = & 100 + 80 + 120 = 300 \\ 100 & \to & C_2 & = & 80 \end{array}$$

Le montant du capital total est ainsi égal à $415 + 300 = 715$.

11. Un système est dit régulier lorsque son déternminant est non nul

Contrairement aux systèmes homogènes dont nous avons déjà parlé, résoudre un tel système[12] revient à déterminer si la colonne B est une combinaison linéaire des colonnes de la matrice A. Si les b_i ne sont pas tous nuls, le système est dit régulier ou non homogène et pour qu'une solution unique puisse être trouvée, les équations qui composent ce système doivent être indépendantes. Mathématiquement cela signifie qu'un tel système est déterminé si, et seulement si, le déterminant de la matrice A est différent de zéro.

L'économiste est ici face à une difficulté. Il ne peut plus calculer le taux de rentabilité par la méthode standard exposée ci-dessus. Alors que fait-il : « il suppose que le capital fixe est consommé en une seule période », parfois ajoute-il, frauduleusement, « ce qui ne change rien aux conclusions de l'analyse ».

Ce qui nous semble infondé puisque dans le cas particulier où les seconds membres b_i sont tous nuls, le système est dit homogène et une solution différente de zéro existe seulement si les équations ne sont pas indépendantes, c'est-à-dire, si et seulement si, le déterminant de la matrice est égal à zéro, ce qui est par ailleurs la condition indispensable pour calculer le taux de rentabilité par la méthode standard.

Calcul du taux de profit dans un système à capital fixe selon la méthode standard

On sait que pour les auteurs académiques le capital fixe doit être traité comme un produit joint. La valeur du capital fixe utilisé lors d'une période *«t»* devrait être réévaluée en fonction des conditions socio-techniques de production de la période «t».

L'analyse académique procède généralement en deux temps. D'abord, les premières analyses sont menées dans le cadre de systèmes à produit unique et capital circulant. Il est alors supposé à titre de simplification provisoire, d'une part que les méthodes de production des différentes marchandises ne comprennent pas d'instruments de production durables, pas de bâtiments, pas de machines, et d'autre part que les moyens de production sont des marchandises reproductibles, ce qui exclut la prise en considération de la terre. Mais dès que l'on veut lever ces deux hypothèses très restrictives, et que l'on admet la possibilité que certains moyens de production, comme les bâtiments et les machines, aient une durée d'utilisation supérieure à l'année (ces éléments étant acquis avec du capital fixe), un cadre plus général que celui des systèmes de branches

12. Nous exposons la méthode de résolution d'un tel système dans la seconde partie de cet ouvrage

simples à produit unique est nécessaire. Aussi, dans un deuxième temps, le capital fixe est étudié comme un cas particulier de la production jointe. Les instruments de production durables sont traités comme faisant partie des moyens qui entrent annuellement dans le procès productif de la même façon que les objets de travail qui sont entièrement consommés dans le cours d'une année (matières premières). Mais, pour ces instruments durables, ce qui en reste à la fin de l'année, est traité comme une portion du produit conjoint annuel de la branche, dont l'essentiel consiste en cette marchandise négociable que représente l'objet propre du procès. Par exemple, une machine à tricoter qui entre dans les moyens de production avec le fil et le carburant sera considérée comme un produit conjoint à la production de chaussette de l'année, une machine vieillie, partiellement usée mais qui conserve une valeur marchande [13].

Le principal intérêt de cette méthode réside dans la simplicité (apparente) de la formalisation algébrique qui lui est associée : la possibilité d'utiliser des systèmes de n équations linéaires sans second membre. On dit généralement que ces équations forment un système homogène. L'étude de tels systèmes a déjà été abordée ici et les critiques formulées précédemment restent pertinentes. En effet de tels systèmes homogènes ne sont jamais impossibles. Ils admettent au moins la solution zéro. Le problème qui se pose (notamment pour l'économiste) est de savoir si un tel système admet d'autres solutions que la solution zéro, et dans l'affirmative de trouver ces solutions. Par ailleurs l'analyse mathématique montre que la solution nécessaire et suffisante pour qu'un tel système admette des solutions autres que la solution zéro est que son déterminant soit nul. C'est une véritable aubaine pour les auteurs académiques car la seule inconnue de l'équation caractéristique est le taux de rentabilité ; celui-ci est ainsi numériquement calculé sans avoir à produire une théorie explicative.

Par exemple, comme nous l'avons déjà vu, le système de reproduction simple de L. von BORTKIEWICZ est sans second membre et de la forme A X = 0. Un tel système homogène admet des solutions autres que la solution $x_i = 0$ pour tout i, si et seulement si, le déterminant de la matrice A est nul (det A = 0). Et la solution de cette équation caractéristique [14], quelle que soit la répartition du capital entre les branches, définit

13. [60], p. 78, [1] ; [35] ; [36]

14. Nous nous souvenons que dans le cas de deux équations indépendantes et fondamentales l'équation de détermination du taux de rentabilité est : (t-g_1) (tf_2 -g_2) - $t^2 f_1 = 0$ ou encore : (f_1 - f_2) t^2 + ($f_2 g_1$ g_2)t - $g_1 g_2 = 0$ et $r + 1 = t =$

l'opérateur qui permet de respecter la condition définie ci-dessus et cet opérateur est appelé taux de rentabilité. Et le miracle semble consommé, il n'y a plus lien tenu entre le taux d'exploitation et le taux de profit et plus aucun entre le taux de profit et la composition organique moyenne.

L'introduction du capital fixe en tant que produit joint – comme le font par exemple P. SRAFFA dans son prélude à la critique de l'économie politique [60] ou A. LIPIETZ pour le compte de la «nouvelle solution au problème de la transformation» [34] - permet de maintenir cette *«propriété remarquable»*. Le système (bien que plus complexe) reste fondamentalement un système de n équations linéaires sans second membre et le «taux de profit» est calculé avec une méthode équivalente sur ce point à celle des modèles à capital circulant.

L'utilisation de systèmes singuliers d'équations linéaires de prix , c'est-à-dire sans second membre, avait permis à la théorie académique au début du XXe siècle une «rupture» avec la théorie de l'exploitation de MARX en tant que théorie explicative de l'origine du profit.

Inversement l'utilisation de systèmes d'équations linéaires de prix réguliers, c'est-à-dire avec seconds membres, crée une rupture avec la théorie académique dominante qui a prévalu jusqu'à ce jour et permet de réintroduire la théorie de l'exploitation en tant que théorie explicative de l'origine du profit.

Conclusion du paragraphe

L'économiste qui utilise de tels systèmes pour formaliser sa théorie des prix fera remarquer qu'il existe une différence qualitative additionnelle de première importance entre les deux types de systèmes :

1. Les systèmes réguliers définissent des prix absolus, conforment à la pensée et l'esprit de MARX.
2. Les systèmes singuliers déterminent des prix relatifs, cohérents avec la conception RICARDO.

MARX développe la conception des transferts de valeurs aux produits dans le Livre II du Capital en référence à la location des bâtiments et

"C'est pourquoi les moyens de travail, bâtiment, machines, etc ..., figurent parmi les moyens de production dans lesquels s'est converti le capital constant avancé de 372 l. st., comme si on les prenait à bail à la semaine." MARX C, L II, E.S., tome1, p. 51.

$\frac{(f_2g_1-g_2)-\sqrt{(g_2+f_2g_1)^2+4(f_1-f_2)g_1g_2}}{2(f_2-f_1)}$

4.3. Rotation du capital et transformation des valeurs en prix de production

Rappelons que l'on appelle prix de production d'une marchandise le prix obtenu en ajoutant à son coût de production la part du profit moyen annuel sur le capital total investi (et non simplement consommé) dans la production cette marchandise, en relation avec les conditions de rotations. Nous partirons de la formalisation établie dans les chapitres précédents pour la branche "i" dans laquelle la période de référence (l'année) est notée t :

$$P_{i,t} = \frac{F_{i,t-1}}{n_i} + C_{i,t} + V_{i,t} + r(F_{i,t-1} + C_{i,t} + V_{i,t})$$

Le taux de profit doit être défini par rapport au montant du capital engagé en début de période indépendamment du degré d'amortissement des immobilisations concernées.

Notations K_i est le vecteur colonne des capitaux engagés, Λ_i, le vecteur colonne des valeurs,P_i le vecteur colonne des "prix de production", les coefficients de transformation sont égaux à $x_i = \frac{P_i}{\Lambda_i}$ et les coefficients de structure a_{ij} sont définis pour une unité de capital total engagé en début de période (K_i), soit :

Définition	$\frac{F_i}{K_i}$	$\frac{D_i}{K_i}$	$\frac{C_i}{K_i}$	$\frac{V_i}{K_i}$	$\frac{S_i}{K_i}$	$\frac{W_i}{K_i}$
Symbole	f_i	d_i	c_i	v_i	s_i	w_i
Coefficient	a_{i0}	a_{i1}	a_{i2}	a_{i3}	a_{i4}	a_{i5}

Le taux de profit (noté r) est conventionnellement défini pour une année, période de référence généralement utilisée en occident berceau du capitalisme, et correspond au rapport entre une masse de plus-value sur un stock de capital engagé en début de période pour un type de production. Dans cette formule apparaissent le taux de profit (noté r) et les capitaux investis (notés $K_i = F_{i,t-1} + C_{i,t} + V_{i,t}$). Numérateur et dénominateur de ce rapport doivent être maintenant retraités en fonction des conclusions des analyses développées précédemment.

Retraitement de la masse de plus-value

Comme nous l'avons vu, si le capital effectue plusieurs rotations dans l'année (qui est la période de référence pour le calcul d'un taux de profit) il semble opportun d'annualiser la plus-value dégagée sur l'année. Pour cela il faut multiplier la masse de plus value dégagée durant un seul cycle de production par le nombre de cycles contenus dans une année. Celle-ci est donc égale à la quantité de plus-value produite durant un cycle de rotation, multipliée par le nombre de rotations dans l'année. La masse de plus-value dégagée doit être annualisée en fonction du nombre de rotation du capital dans une année. Admettons que le nombre de rotations du capital dans la branche i soit égal à n_i, la plus-value annualisée est égale à :

$$S_{i,t} = n_i K_i a_{I5}$$

Examinons maintenant le retraitement du dénominateur.

Retraitement du capital engagé

Le capital total se compose donc de trois éléments, le capital fixe, le capital circulant et le capital variable, notés C_f, C_C et C_V. Il s'agit maintenant de distinguer les fractions du capital engagé dans une branche quelconque et de distinguer d'une part les fonds qui furent nécessaires pour acquérir les immobilisations (bâtiments, machines, etc.) et les fonds nécessaires pour financer le cycle d'exploitation (le besoin en fonds de roulement).

Le capital engagé est composé de deux éléments :

a- Les décaissements effectués pour acquérir les immobilisations utilisées Ils correspondent au cumul des décaissements qui furent nécessaires pour acquérir lors des exercices précédents les moyens de production toujours en fonctionnement en début de période et dont la durée de vie est supérieure à un an.

Ces dépenses (outlays en anglais) sont connues au moment où est engagée la production.

$$F_{i,t-1} = K_i a_{I0}$$

b- Le besoin en financement du fonds de roulement Capital avancé et capital engagé, et capital engagé annualisé.

Dans les développements qui suivent nous considérerons toujours le capital engagé et supposerons que le capital économique engagé dans une branche ou dans l'ensemble de l'économie se compose des immobilisations d'exploitation présentes dans l'entité à l'ouverture d'un exercice et du besoin en fonds de roulement et que ces éléments ont été correctement annualisés.

Retraitement des coûts de production

Les coûts de production sont composés, dans notre approche, de trois éléments :

La reconstitution du fonds de capital fixe

La reconstitution des fonds (capital argent) engagés pour financer les moyens de production dont la durée d'utilisation est supérieure à une année, que l'on nomme capital fixe. Ce montant annuel est égal au cumul des décaissements effectués sur plusieurs années pour l'acquisition des immobilisations en activité au début de la période de référence, divisé par la durée de vie de chaque immobilisation exprimée en nombre d'années.

$$D_t = \frac{F_{i,t-1}}{n_i} = K_i a_{i1}$$

Remarque : ce montant qui n'est pas transformé car connu lorsque débute le processus de production, constitue le premier élément des coûts de production des marchandises considérées.

Le capital circulant

La partie du capital qui est utilisée pour acquérir les matières premières et tous les autres éléments qui entrent dans le procès de travail, transfère sa valeur au produit durant la période de référence. Ces éléments sont valorisés aux prix courants, à savoir le prix de production de l'année considérée.

$$C_{i,t} = K_i a_{I2} x_2$$

Le capital variable

La partie du capital qui est utilisée pour acquérir les forces de travail correspond au capital variable évalué en valeur multiplié par le coefficient de transformation des produits de consommation ouvrière.

$$V_{i,t} = C_{i,t} = K_i a_{I3} x_3$$

Le taux de profit général

Le taux de profit dont la définition n'est pas modifée, peut être noté ainsi :

$$r = \frac{\sum n_i K_i a_{i4}}{\sum [K_i a_{i0} + \alpha_i (K_i a_{i2} x_2 + K_i a_{i3} x_3)]}$$

Conclusion

Il résulte de cette analyse un prix de production égal aux coûts de production plus le profit. Les coûts de production incorporent trois catégories d'éléments. La première catégorie sert à reconstituer les fonds en capital engagé sous la forme argent qui ont été nécessaires pour acquérir les immobilisations. La seconde partie correspond aux fonds nécessaires pour acquérir les matières premières et la dernière partie correspond aux capitaux nécessaires pour rémunérer les forces de travail (la masse salariale).

$$P_{i,t} = \frac{K_i a_{I0}}{n_i} + K_i a_{I2} x_2 + K_i a_{I3} x_3 + r[K_i a_{I0} + \alpha_i (K_i a_{I2} x_2 + K_i a_{I3} x_3)]$$

Soulignons pour terminer que la masse du capital engagé ne correspond pas à la totalité des coûts de production car une partie de ceux-ci est financée par les ventes courantes de la période ($\alpha_i < 1$).

5. Les transferts de capitaux

> *« La concurrence est capable, d'abord dans une sphère, d'établir une valeur et un prix de marché identiques à partir des diverses valeurs individuelles des marchandises. Mais c'est seulement la concurrence des capitaux entre les différentes sphères qui est à l'origine du prix de production, équilibrant les taux de profit entre ces sphères. Le dernier cas nécessite un développement plus poussé du mode de production capitaliste que le premier »* MARX *(Le Capital,* E.S., L. III, t. 6, p. 196*)*

> *« Si dans une sphère les prix des marchandises sont au-dessous ou au-dessus des prix de production (abstraction faite des fluctuations propre à chaque affaire et liées aux différentes phases du cycle industriel), il y a égalisation par élargissement ou réduction de la production, c'est-à-dire par extension ou diminution des masses de marchandises jetées sur le marché par les capitaux industriels ; cette égalisation est donc engendrée par le retrait ou l'apport de capital s'opérant dans les diverses sphères de production. L'alignement ainsi obtenu des prix moyens de marché des marchandises sur les prix de production fait que les écarts des taux particuliers de profit par rapport au taux général ou moyen de profit sont corrigés »* MARX *(Le Capital,* E.S., Livre III, t. 7, p. .33)

Dans les chapitres précédents nous avons examiné la prise en compte du capital fixe et du besoin en financement d'exploitation dans l'analyse de la transformation des valeurs en prix de production, nous soulignons maintenant l'importance des mouvements des capitaux entre les branches dans le processus de transformation.

Dans un premier paragraphe nous résumons l'état actuel de cette question.

Dans un second paragraphe nous présentons les deux dimensions du problème de la relation entre prix et valeurs : d'un côté détermination des prix et du profit à partir des valeurs et de l'autre modification de la répartition du travail et du capital entre les branches.

Dans un troisième paragraphe nous présentons le concept de prix de production de marché, en tant que résultat d'une détermination des prix de production en relation avec la structure du capital.

Dans un quatrième paragraphe nous analysons les conséquences de la prise en considération d'une modification de la structure du capital sur les identités remarquables, le taux de profit et les prix de production de marché.

5.1. L'état de la question

Tous les économistes reconnaissent l'importance des mouvements de capitaux qui sont à l'origine de l'établissement du taux de profit uniforme entre les branches et de la transformation des valeurs en prix de production mais aucun n'intègre les flux des capitaux dans les modèles analytiques de résolution de cette question.

D. RICARDO notait : *"Ce n'est qu'en raison de pareilles variations que des capitaux sont consacrés précisément dans la proportion requise, et non au-delà, à la production des différentes marchandises pour lesquelles il y a demande. Par la hausse ou la baisse du prix, les profits s'élèvent au-dessus de leur niveau général, et par là les capitaux se rapprochent ou s'éloignent des industries qui viennent d'éprouver l'une ou l'autre de ces variations. « Ce désir inquiet, qu'à tout capitaliste d'abandonner un placement moins lucratif pour un autre qui le soit davantage, tend singulièrement à établir l'égalité dans le taux de tous les profits, ou à fixer les proportions de telle sorte que les individus intéressés puissent estimer et compenser entre elles tout avantage que l'un aurait ou paraîtrait avoir sur l'autre"*[51](p. 778).

Pour RICARDO quand le prix d'un bien est au-dessus de son prix naturel, les capitalistes ont tendance à détourner leurs capitaux vers les branches où les profits sont élevés, l'offre de ce bien augmente et par conséquent le prix courant descend au niveau du prix naturel. Ce sont les mouvements de capitaux, leur détournement des branches les moins rémunératrices qui induisent à l'établissement d'un taux de profit général. *"C'est donc l'envie qu'a tout capitaliste de détourner ses fonds d'un emploi déterminé vers un autre plus lucratif qui empêche le prix courant des marchandises de rester longtemps au-dessus de leur prix naturel"*[1]

MARX reprocha à RICARDO de n'avoir pas compris que lorsque la

1. D . RICARDO op cité p : 65

concurrence des capitaux établit un taux de profit uniforme, les marchandises ne sont plus vendues à leurs valeurs mais à des prix différents des valeurs qu'il nomme dans un premier temps *« prix moyens »* puis « *prix de production* » et finalement « *prix de production de marché »*. Pour lui la mobilité du capital est au cœur de l'établissement du taux de profit moyen et des prix de production, il note *«Mais, lorsque les marchandises sont vendues à leur valeur, des taux de profit très différents s'établissent, comme nous l'avons vu plus haut, dans les diverses sphères de production ; ces différences sont dues à la composition organique différente des masses de capitaux investis dans ces sphères. Mais c'est un fait que le capital abandonne une sphère à taux de profit peu élevé et se précipite sur celle qui comporte un taux de profit plus important. Par ce va-et-vient perpétuel, par la façon dont il se répartit entre les différentes sphères suivant que le taux de profit baisse par-ci et augmente par-là, le capital provoque un rapport entre l'offre et la demande tel qu'il entraîne l'égalité du taux de profit moyen dans les différentes sphères de production, d'où la transformation des valeurs en prix de production."*[2].

Pourtant une ambiguïté subsiste, ce n'est pas la méthode qu'il utilise dans le chapitre IX du livre III du *Capital* consacré à cette question et dans lequel il utilise la *"péréquation"* de la plus-value entre les branches de façon à obtenir un taux de profit identique dans chacune de celles-ci.

Mais il nous faut éviter un écueil sur lequel une lecture trop superficielle du Livre III nous conduirait. MARX aborde la question de la transformation des valeurs en prix de production dans la *deuxième section* du Livre III du *Capital* intitulé *"La transformation du profit en profit moyen"* et qui est composé de plusieurs chapitres.

Le chapitre VIII : Composition différentes des capitaux dans des branches de production différentes, d'où diversité du taux de profit.

Chapitre IX : Etablissement d'un taux général de profit (taux de profit moyen) e't transformation des valeurs des marchandises en prix de production.

Chapitre X : Egalisation du taux général du profit par la concurrence. Prix de marché et valeur de marché. Surprofit.

Chapitre XI : Les effets des fluctuations générales du salaire sur les prix de production.

Chapitre XII : Addenda.

Schématiquement il analyse la transformation des valeurs en prix de production au sein d'une entreprise (chapitre IX), puis, dans un second temps, la concurrence des capitaux au sein d'une branche et l'établissement d'une valeur de marché et enfin la concurrence des capitaux entre

2. *[38]*, Livre III, tome I, pp. 210 et 211.

les branches (ces deux points font l'objet du chapitre X) et la formation de *prix de production de marché.*

Il convient de ne pas négliger le chapitre X dans lequel l'auteur généralise l'analyse développée au niveau d'une entreprise dans le chapitre précédent à une branche (concurrence des produits) puis l'ensemble de la société (concurrence des capitaux entre les branches), bien qu'il n'expose pas de modèle analytique ni d'exemple numérique dans ce chapitre.

Nous sommes face à un paradoxe. Tous les auteurs reconnaissent que les mouvements des capitaux tendent à établir un taux de profit uniforme dans toutes les branches de l'économie et que ceci pose de grandes difficultés dans l'analyse de la relation entre la valeur du travail humain et prix mais rares sont ceux[3] qui intègrent explicitement de tels mouvements dans le modèle de détermination des prix de production. Dans ce chapitre nous résumons nos positions sur cette question.

La position des néo-ricardiens

La position néoricardienne consiste à exclure la demande dans les modèles de calcul des prix, lesquels sont établis en posant comme données les quantités produites, ce qui revient à déterminer les prix indépendamment des variations des quantités. Elle est construite en opposition à la théorie symétrique de la valeur qui a été élaborée par Alfred MARSHALL (1842-1924).

La théorie symétrique de la valeur peut s'énoncer ainsi *« La valeur normale de toute chose se trouve sur la clé de voute d'un arc en équilibre par rapport aux forces opposées agissant sur ces deux côtés. Les forces de la demande agissent d'un côté, celles de l'offre de l'autre ». « La symétrie fondamentale des relations générales dans lesquelles la demande et l'offre se situent par rapport à la valeur, ou le principe de coût de production et le principe de l'utilité finale sont sans aucun doute les deux composantes de la loi unique et universelle de l'offre et de la demande, chacun (des principes) pouvant être comparé à une lame d'une paire de ciseaux.» → Le principe du coût de production va être ce qui va déterminer la fonction d'offre d'un bien. L'utilité marginale étant ce qui va permettre de déterminer la fonction de demande de biens.*

« C'est donc par le biais de ce fonctionnement (présumé) du « marché des facteurs » que la demande est censée intervenir dans la détermina-

3. À notre connaissance et à l'exception de deux auteurs HEIMANN ([20]et LEE [32]), que nous citons dans notre ouvrage les Méandres, pages 220, chapitre 8,

tion des prix relatifs. En effet, c'est la relation établie par les prix des facteurs et leur quantité qui fonde la courbe habituelle d'offre des coûts croissants : le prix de la marchandise dont la production diminue baisse par rapport au prix de la marchandise dont la production augmente. A ce nouveau système de prix (les goûts des consommateurs étant maintenant donnés) de nouvelles demandes se manifestent, qui sont déterminées sur la base du principe de substitution, ou choix des consommateurs. Cela se traduirait par de nouvelles modifications des quantités relatives produites et donc, affirme-t-on, des prix relatifs. L'interaction entre les variations des quantités et les variations des prix relatifs est censée conduire à une position d'équilibre des quantités et des prix relatifs » (p. 91).

Nous avons vu que le système des prix relatifs n'exprime pas la rareté relative des marchandises. Cela implique que la notion de prix ne peut être correctement élaborée qu'en dehors de toute hypothèse, restrictive, sur les rendements. L'intervention de la demande sur la formation des prix est par là même exclue (rappelons que nous ne faisons pas référence au prix de marché). Ceci est obtenu en posant comme données les quantités produites, c'est-à-dire en déterminant les prix indépendamment des variations des quantités. Il en résulte que le concept de prix est tout à fait étranger à celui d'équilibre (statique) puisque le « couple prix-quantité » ne résulte pas comme solution « primale-duale » du même problème (ce qui différencie radicalement la théorie des prix de production de la théorie symétrique de la valeur discutée précédemment »([3], p. 98)

Si nous interprétons correctement la pensée de l'auteur, la détermination des prix doit exclure l'intervention de la demande et doit intervenir indépendamment des variations des quantités. Il nous semble qu'il a confusion entre la détermination de prix par la confrontation des quantités produites et des quantités demandées, ce qui est l'essence de la théorie symétrique et plus largement des théories d'inspiration néoclassiques, et la fixation exogène des quantités produites, comme le laisse entendre la phase *"Ceci est obtenu en posant comme données les quantités produites, c'est-à-dire en déterminant les prix indépendamment des variations des quantités"*, ce qui est d'ailleurs la problématique de BORTKIEWICZ comme nous l'avons montré dans notre article de 2009, [29].

Et BENETTI d'ajouter : *"Cela implique que la prise en considération de la demande ne peut être correctement réalisée qu'au sein d'une problématique où la variation des quantités produites est une question pertinente. Cette condition n'est pas remplie dans la théorie statique des prix (ce qui est d'ailleurs confirmé par l'échec de la théorie symétrique de la valeur). Elle l'est par contre dans la théorie de l'accumulation du capital où une attention particulière doit nécessairement être accordée à la formation et à l'évolution de la demande sociale"* (p. 99). L'auteur toutefois laisse le lecteur dans le doute, s'agit-il de la théorie des prix de SRAFFA dont il expose le modèle dans les paragraphes suivants ou celle MARX qu'il rejette dans le chapitre suivant. *"En suivant les indications de* MARX, *nous avons effectué les corrections nécessaires et nous avons abouti à un schéma dans lequel le problème de la transformation est purement et simplement supprimé : à la place de la transformation des valeurs en prix, le schéma obtenu détermine les prix indépendamment des valeurs"* (p. 127). Et si c'étaient les *"corrections nécessaires"* qui étaient erronées, notamment la négligence totale du rôle des transferts de capitaux entre les branches dans le processus de transformation,. De plus en plus d'auteurs contemporains soulignent que des changements dans la structure des prix perturbe l'équilibre des quantités et que celui-ci tend à être rétabli, en l'absence d'entrave à la mobilité du capital, par des flux de capitaux entre les branches et vers les activités les plus rentables.

Quelques recherches contemporaines

XXe siècle

WINTERNITZ[71] fut probablement l'un des premiers auteurs académiques à entrevoir ces deux aspects quand il notait en 1948 *«Tout changement dans la structure des prix perturbe nécessairement l'équilibre existant. Lorsqu'intervient une modification des prix, l'équilibre ne peut être restauré que par un changement dans la répartition du travail social.»* et donc des quantités produites. Ceci constitue probablement la première reconnaissance du caractère bilinéaire du problème de la transformation. Dans notre ouvrage Méandres nous avons aussi mentionné les noms de HEIMANN et Sanghoon LEE.

Avec E. HEIMANN(1889-1967) [4]les capitaux sont effectivement transférés des branches à hautes compositions organiques vers celles qui ont des compositions organiques inférieures à la moyenne. Il en résulte une sous-production dans les premières et une élévation des prix par rapport aux valeurs. Et inversement dans les secondes une surproduction qui induit une baisse des prix par rapport aux valeurs. Ainsi, selon cet auteur, se constituent des rentes : d'un côté une rente de monopole et de l'autre une rente de consommation, égalisant les taux de profit entre toutes les

4. Eduard Magnus Mortier HEIMANN (né le 11 Juillet 1889 à Berlin, † 31 mai 1967 à Hambourg) était un économiste et sociologue allemand qui a consacré son activité à la recherche d'une «troisième voie» entre capitalisme et communisme».

branches. E. HEIMANN déduisit plusieurs conséquences de cette analyse : d'abord que ce processus n'impliquait pas un transfert de plus-value, lequel ne pouvait être que fictif ou comptable puisque la plus-value ne se distingue pas de la valeur. Ensuite qu'il relevait de la circulation, de sorte que la formation des prix n'avait rien à voir avec la création de valeur. Mais surtout, que, corrélé au processus d'innovation technique, il en neutralisait les conséquences néfastes, c'est-à-dire la constitution d'une «armée industrielle de réserve» et la baisse tendancielle du taux de profit. [5]

XXIe siècle

Sanghoon Lee Le point de départ de l'auteur est le système analytique de L. von BORTKIEWICZ dont il accepte l'hypothèse d'une reproduction simple. Selon LEE, L. von BORTKIEWICZ n'a pas réellement assimilé la procédure de transformation de K. MARX qui incorpore les mouvements des capitaux entre les branches : *"Ces divers taux de profit, sous l'effet de la concurrence, s'uniformisent en un taux général de profit qui est la moyenne de tous ces taux de profit différents".* [6] Le capital quitte les branches à faible rentabilité et se précipite vers les branches à haute rentabilité. Ces mouvements conduisent à une égalisation du taux de profit entre les branches de production.

Si les flux de capitaux avaient été pris en considération par von BORTKIEWICZ nous dit LEE, nous pourrions observer un transfert de capital de la première branche vers la seconde, de la première branche vers la troisième, et ainsi de suite et à partir d'un exemple numérique (qui a été présenté dans notre ouvrage *Les Méandres,* p. 223 et s.) il montre que la reproduction simple est compatible avec l'algorithme de transformation de K. MARX, contrairement à ce qu'affirme L. von BORTKIEWICZ.

Heesang Jeon Dans un article récent et au titre révélateur, *"Le problème de la transformation à la lumière des transferts de capitaux",* l'auteur propose d'établir une distinction appropriée entre l'égalisation des taux de profit et la transformation des valeurs en prix de production. Selon cet auteur, MARX explique, au chapitre 8 du livre III du Capital, que la composition organique du capital (en valeur) varie d'un secteur à l'autre, ce qui entraîne des taux de profit sectoriels (en valeur) différents. Au chapitre 9, à l'aide d'exemples numériques, il montre comment ceux-ci sont égalisés, par la procédure de péréquation de la plus-value

5. cf Méandres chapitre 7, p. 220 et s.
6. [38], Livre III, tome 1, p. 174, E.S.

entre les factions d'un même capital, produisant une taux général de profit uniforme et transformant les valeurs en prix de production (simples). Mais c'est seulement dans le chapitre 10 que MARX a d'abord soulevé «la question vraiment difficile» (MARX, 1981, p. 274) : *«Comment se produit cette égalisation des profits puisqu'il s'agit évidemment d'un résultat et ne peut pas être un point de départ ?"* MARX répond à cette objection en introduisant dans l'analyse les transferts de capitaux entre les branches, les modifications des capacités de production et en dernière instance les ajustements de l'offre et la demande. Cela révèle un changement majeur dans le niveau d'abstraction. Ce n'est qu'à partir de ce chapitre que le mécanisme par lequel les prix s'écartent des valeurs est vraiment pris en compte. Tout au long de son analyse, il est implicite que les prix coïncident rarement avec les valeurs. La réponse de MARX est relativement simple ; il indique clairement que le transfert de capitaux entre secteurs cherchant à générer des bénéfices plus élevés est un facteur important, qui égalise les taux de profit et transforme par conséquent les valeurs en prix de production [de marché], jusqu'à ce que les taux de profit soient égalisés et que cessent les transferts de capitaux.

5.2. La dualité valeur-prix et détermination de la structure du capital engagé

Mise en évidence

Nous avons montré la dimension bilinéaire de la transformation dans un précédent article, [29], qui portait sur les écrits de VON BORTKIEWICZ. En 1907 cet auteur a prétendu que la méthode de calcul des prix à partir des valeurs de MARX ne pouvait être retenue car les équations dites fondamentales ne pouvaient jamais être respectées simultanément. Or, après un examen attentif de ses écrits, il apparaît que son modèle analytique n'est pas conforme avec cette conclusion. En effet celui-ci permet le respect des identités remarquables si l'on admet une fluidité des capitaux entre les branches. Par ailleurs l'auteur présente différents exemples numériques pour illustrer ses conclusions qui sont construits avec des répartitions arbitraires du capital entre les branches. Ces répartitions sont en contradiction avec le respect des deux égalités fondamentales [7]. L'auteur

7. Inversement, si nous adoptons une formalisation plus conforme à l'esprit de l'auteur du *Capital*, dans le cadre d'un système à capital circulant, la détermination des prix (P_i) dépend des valeurs initiales (V_i) et de la répartition des capitaux entre les branches, les K_i, soit $P_i = f(\Lambda_i, K_i)$. Si l'on prend en considération la matrice des coefficients socio-techniques, le système bilinéaire peut être formalisé par

pousse la démonstration en présentant deux exemples numériques ayant les mêmes caractéristiques structurelles (la matrice des coefficients techniques, le taux d'exploitation et les compositions organiques des branches sont identiques) mais avec des répartitions différentes du capital. Dans le premier exemple la somme des prix est supérieure à la somme des valeurs, dans le second exemple la somme des prix est inférieure à la somme des valeurs.

Pourquoi n'analyse-il pas les cas intermédiaires, toutes choses égales par ailleurs ? Nous avons étudié ces cas intermédiaires et nous avons montré qu'il existe une répartition du capital social entre les branches pour laquelle les deux égalités sont respectées. Dans ce cas la méthode de calcul des prix de production à partir des valeurs de MARX est tout aussi pertinente que la méthode de calcul de BORTKIEWICZ, bien que cette dernière se prétende indépendante des valeurs. Plus généralement il existe toujours au moins une répartition du capital qui valide les deux égalités fondamentales si l'on admet les hypothèses de concurrence et de mobilité du capital entre les branches. ([31], p. 232). L'absence de cohérence ne vient pas de la méthode de calcul des prix à partir des valeurs mais de l'absence de la prise en considération de mouvements de capitaux entre les branches. BORTKIEWICZ nous aurait évité bien de débats stériles s'il avait illustré son analyse de l'exemple suivant.

TABLE 5.1. – Système de reproduction simple en valeur

	C_i	V_i	Pl	Valeur
Branche I	225	90	60	375
Branche II	75	90	60	225
Branche III	75	45	30	150
Total	375	225	150	750

l'équation $K^T P = K^T A(1 + r)P$, K étant le vecteur des capitaux engagés dans les branches. Toutefois si l'on tient compte de la définition de coefficients de transformation proposée par von BORTKIEWICZ, pour qui les coefficients sont des nombres sans dimension et expriment les rapports des prix aux valeurs, cette dernière équation devient $K^T X = K^T A(1+r)X$. Si l'on admet que les variables de ce système sont les vecteurs K et X, il existe toujours des solutions, notées K^*et X^*, qui permettent à la somme des profits dans toutes les branches d'être égale à la somme des plus-values et à la grandeur de la production globale évaluée en prix de production d'être égale à ce même agrégat évalué en valeur.

TABLE 5.2. – Système de reproduction simple en prix de production

	x_1C_i	x_2V_i	Profit	Prix
Branche I	240	80	80	400
Branche II	80	80	40	200
Branche III	80	40	30	150
Total	400	200	150	750

Ceci est d'autant plus curieux que L. von BORTKIEWICZ n'ignorait pas l'existence de cette solution. Il note *« Naturellement ce qui précède n'empêche pas la possibilité que le prix total puisse coïncider avec la valeur globale. Cela se produirait si la composition organique du capital qui est engagé dans la production de la marchandise qui sert de monnaie (...) respecte une certaine relation avec la composition organique moyenne de tous les capitaux ».*[69], p.6/60. Et celle-ci n'est pas inconnue des auteurs académiques. Par exemple SETON [57] (p.156) propose un exemple numérique comparable que nous reproduisons ci-dessous :

TABLE 5.3. – Système de reproduction simple en valeur selon SETON

	C_i	V_i	Pl	Valeur
Branche I	80	20	20	120
Branche II	10	25	25	60
Branche III	30	15	15	60
Total			60	240

TABLE 5.4. – Système de reproduction simple en prix de production selon SETON

	x_1C_i	x_2V_i	Profit	Prix
Branche I	96	12	36	144
Branche II	12	15	9	36
Branche III	36	9	15	60
Total			60	240

Dans cet exemple les coefficients de transformation sont $x_1 = 6/5$, $x_2 = 3/5$, $x_3 = 1$, le taux de profit est égal à 25%, la somme des valeurs est égale à la somme des prix et la somme des plus-values est égale à la

somme des profits.
Mais cette solution est immédiatement écartée par les auteurs académiques, par exemple LAIBMAN [26] note *"la composition organique du secteur III est égale à la composition organique globale, alors SVI et TVI sont identiques. Bien entendu, dans ces cas, les rapports des agrégats pertinents sont nécessairement invariants. Mais ces résultats singuliers reposent sur des hypothèses totalement arbitraires sur la technologie et constituent donc une base insuffisante pour résoudre le problème."* Il existe deux raisons pour ne pas retenir cette observation de LAIBMAN. La première est que la "technologie" de la troisième branche n'est pas une variable exogène mais dépend exclusivement de la définition de la reproduction simple opérée par L. VON BORTKIEWICZ. La seconde est que si l'on raisonne dans le cadre d'une "reproduction élargie", cette condition n'est plus vérifiée, et il reste possible de rendre compatible le système de BORTKIEWICZ avec les contraintes évoquées par des déplacements de capitaux vers les activités les plus rentables.

Système analytique simple

Von BORTKIEWICZ était un néoclassique qui se réclamait de MARSHALL et de WALRAS, et qui cherchait à montrer que la méthode de calcul de MARX des prix à partir des valeurs était erronée. Aussi formula-t-il l'hypothèse d'une *"reproduction simple"* pour résoudre la question de l'affectation du capital entre les branches.

Admettons un instant une attitude moins agressive vis-à-vis de l'auteur du *Capital.* Il aurait alors pu formaliser, sous son hypothèse de reproduction simple, le problème de la façon suivante ce qui l'aurait conduit à des conclusions différentes.

Préalablement il nous faut construire un système de détermination des prix, lequel par définition doit être constitué d'équations indépendantes. En effet, la première erreur de von BORTKIEWICZ, selon nous, consiste à poser comme système de détermination des prix un ensemble de trois équations qui ne sont pas indépendantes. En effet son hypothèse de "reproduction simple" revient à admettre que la troisième branche est entièrement déterminée par les deux premières.

Selon la démarche de K. MARX dans le chapitre IX du livre III, il convient d'exprimer les caractéristiques du système (taux d'exploitation et composition organique) en ramenant les coefficients des branches à 100. Les deux premières branches de l'exemple emblématique de von Bortkiewiz sont les suivantes :

%	Capital constant	Capital variable	Plus-value	Valeurs
Branche I	71,43	28,57	19,05	119,05
Branche II	45,45	54,55	36,36	136,36

Dans ce second exemple on a, selon la définition de K. MARX, un taux de profit égal à la masse de plus value rapportée au capital avancé, soit 120 / 480 = 25 %. Le taux de profit du deuxième exemple n'est pas la moyenne simple des taux de profit des branches avant péréquation mais la moyenne pondérée par le poids relatif de chaque branche, selon la formule précédemment établie :

$$\pi = \frac{e}{\Sigma\mu_i g_i + 1} = \frac{e}{G+1}$$

Empruntons maintenant au système analytique académique la définition du taux de rentabilité. D'un point de vue strictement mathématique, son calcul dans le cadre d'un système homogène d'équations linéaires de n équations revient à déterminer la valeur propre dominante (λ_{max}) de la matrice A des coefficients socio-techniques et calculer le taux de profit à partir d'elle, sachant que $\lambda_{max} = \frac{1}{1+r} <=> r = \frac{1}{\lambda_{max}} - 1$.

Si maintenant nous admettons que le taux de rentabilité est égal au taux de profit tel que défini par MARX, il vient :

$$\pi = r <=> \frac{e}{G+1} = \frac{1}{\lambda_{max}} - 1$$

D'où il vient :

$$G = \frac{\lambda_{max}(1+e) - 1}{1 - \lambda_{max} l}$$

Application numérique :

λ_{max}= 0.8, e = 2/3 d'ou G = 5/3. Ce qui revient à ne retenir que 60% de la deuxième section si l'on conserve les grandeurs proposées pour la première section par von BORTKIEWICZ, soit :

TABLE 5.5. – Système de reproduction simple en valeur

	C_i	V_i	Pl	Valeur
Branche I	225	90	60	375
Branche II	75	90	60	225

Ce système est remarquable à plus d'un titre.

1. Le taux de profit est égal au taux de rentabilité.

$$\frac{\sum M_I}{\sum(+V_i)} = 120/480 = 25\%$$

2. Les coefficients de transformation peuvent être calculés selon la méthode de von BORTKIEWICZ.
3. Si l'on applique la méthode complète de transformation totale nous obtenons :

TABLE 5.6. – Système de reproduction simple en prix de production

	x_1C_i	x_2V_i	Profit	Prix
Branche I	240	80	80	400
Branche II	80	80	40	200

La valeur de la production totale du système exprimée en valeur ($375+225=600$ du tableau 1.4) est égale à ce même agrégat exprimé en prix de production de marché ($400+200=600$ du tableau 1.5).

De même la somme de plus-value ($60+60=120$) est égale à la somme des profits($80+40=120$).

Si l'on veut revenir à l'étude de la *"reproduction simple"*, il est possible de calculer la troisième section selon les formules de von BORTKIEWICZ à savoir :

$$\begin{array}{ccccccc} c_1 & + & c_2 & + & c_3 & = & C \\ v_1 & + & v_2 & + & v_3 & = & V \\ m_1 & + & m_é & + & m_3 & = & M \end{array}$$

ou encore :

$$\begin{array}{ccccc} c_3 & = & C & -c_1 & -c_2 \\ v_3 & = & V & -v_1 & -v_2 \end{array}$$

D'où il vient : $c_3 = 75$, v_3 =20 et comme le taux d'exploitation est égal à $2/3$, $m_3 = 20$, ce qui nous conduit au tableau :

TABLE 5.7. – Système de reproduction simple en valeur

Branche	C_i	V_i	Pl	Valeur
I	225	90	60	375
II	75	90	60	225
III	75	45	30	150
Total	375	225	150	750

Le problème est bilinéaire.

Un examen attentif des écrits de MARX corrobore cette analyse. Dans le chapitre X du Livre III, l'auteur du *Capital* évoque la concurrence des capitaux entre les branches. Celle-ce s'exprime par des transferts de capitaux et pas seulement une «péréquation» de plus-value entre les branches, processus qu'il a détaillé dans le chapitre IX. Les capitaux se portent vers les branches où le taux de profit est supérieur à la moyenne, ce qui a pour effet d'augmenter les capacités de production et la production de ces activités et donc en dernière instance l'offre de ce type de marchandise sur le marché. Cette augmentation de l'offre fait baisser les prix de marché au niveau des prix de production dont la grandeur à changer. Réciproquement, délaissant les branches où le taux de profit est inférieur à la moyenne, la production de ces marchandises diminue et les prix de marché de ce type de marchandises a tendance à croître.

Dans l'enchaînement :

valeurs– > prix de production– > prix de marché

il faut intercaler un nouveau terme, le concept de *prix de production de marché,* introduit par MARX dans le chapitre X du Livre III du *Capital.*

		prix de		*prix de*		*prix de*
valeurs	– >	*production*	– >	*production*	– >	*marché*
				de marché		

Dans le paragraphe suivant nous approfondissons cette notion.

5.3. Le concept de *"prix de production de marché"*

MARX examine la transformation des valeurs en prix dans différents chapitres de la section II du livre III du *Capital*. Conformément à sa méthode il procède par étapes successives que nous allons maintenant décrire.

La transformation au sein d'une entreprise

Dans un premier temps il décrit la « *transformation des valeurs en prix de production* » dans une entreprise, *une manufacture de coton,* sous l'effet des différences de composition organique entre les ateliers et de la péréquation de la plus-value pour des montants de capitaux engagés identiques dans les différents ateliers. C'est l'objet du chapitre IX du livre III du *Capital* dans lequel il développe un exemple numérique en supposant qu'un capital total de 500 milliards d'unités, appartenant à une seule personne, est investi dans une manufacture de coton, composée de différentes sections : une salle de cardage, une salle de filage en gros, une salle de filage, une salle de tissage[8]. Sous l'hypothèse d'un capital avancé identique dans toutes les sections (égal à 100), il considère l'établissement de prix de production par un processus de péréquation de la plus-value entre les différents ateliers et il illustre ses propos de tableaux numériques.

Ensuite il examine un processus de formation des prix plus complexe et fait intervenir plusieurs déterminations complémentaires : la concurrence des capitaux au sein d'une branche puis la concurrence des capitaux entre les branches, ce qui nous conduit à un niveau d'analyse supérieur et à la définition des concepts de *"valeurs de marché"* et de *"prix de production de marché"*.

La concurrence des capitaux au sein d'une branche

C'est l'objet du chapitre X du livre III du *Capital* dans lequel l'auteur nous explique que les conditions sociales et techniques de production, au

8. *«Considérons maintenant les 500 comme un seul et unique capital dont les capitaux I-V constitueraient diverses parties (dans une manufacture de coton par exemple, il existe dans les différentes sections : salle de cardage, salle de filage en gros, salle de filage, salle de tissage, un rapport différent entre les capitaux variable et constant et il faut déterminer le rapport moyen pour l'ensemble de la fabrique).»* Livre III, tome 6, E.S., p. 172

sein d'une branche, définissent une "valeur de marché." Trois cas sont évoqués :

Premier cas : En première approximation la valeur de marché apparaît comme la moyenne des valeurs individuelles des marchandises produites dans la branche ou la valeur individuelle de la marchandise produite dans les conditions moyennes [9].

Second cas : Si la fraction des marchandises produites dans de mauvaises conditions est relativement importante par rapport à la moyenne, c'est cette fraction qui fixe alors la valeur de marché [10].

Troisième cas : il correspond à une situation inverse à la précédente, si la quantité des marchandises produites dans des conditions supérieures à la moyenne dépasse de loin celle produite dans les conditions inférieures, c'est alors cette quantité qui règle la valeur de marché. Ces réflexions de MARX ne sont pas des plus précises mais il en ressort néanmoins qu'il faut considérer la moyenne des valeurs individuelles des marchandises pondérées par le « poids » de chacun des lots de marchandises produites dans les différentes conditions de production [11]. Puis il ajoute :*"ce que nous avons dit ici de la valeur de marché est aussi valable pour le prix de production, dès que celui-ci a pris la place de la valeur de marché"*[12].

Examinons maintenant la troisième étape, la concurrence des capitaux entre les branches.

La concurrence des capitaux entre les branches

La seconde détermination de la valeur de marché fait référence à la concurrence des capitaux entre les branches et fait appel au concept de besoin social, défini à partir de la quantité de travail social consacrée par l'économie à la production d'un type de marchandises. Deux cas sont décrits :

Cas 1 : Si la production d'une catégorie de marchandises dépasse la mesure du besoin social, une partie du temps de travail se trouve gaspillée ; sur le marché, la masse de marchandises représente alors une quantité de travail social très inférieure à celle qu'elle contient effectivement [13].

Cas 2 : L'inverse se produit quand le volume du travail social utilisé pour la production d'une catégorie de marchandises donnée est trop faible pour le volume du besoin social particulier que ce produit doit satisfaire. Une quantité insuffisante du travail social a été employée à la

9. MARX, *Le Capital,* Livre III, tome I, p. 194.
10. idem, p. 198.
11. idem, pp.198-199
12. [38], Livre III, tome I, p. 195
13. MARX, *Le Capital,* Livre III, tome I, p. 202.

production de cette espèce de marchandises mais malgré tout la masse de ces marchandises aura tendance à être vendue comme si elles avaient été produites dans la proportion nécessaire. Sur le marché, elle représente une quantité de travail social très supérieure à celle qu'elle contient effectivement. Cette partie du temps de travail social se trouve survalorisée.

MARX élabore à cette occasion le concept de *prix de production de marché* en référence à la notion de besoin social. Mais quelle définition donner au besoin social ? La concurrence répartit le capital social entre les différentes branches de production de telle manière que les prix de production dans chaque sphère sont constitués sur le modèle de ceux existant dans les branches de composition organique moyenne, [14] or nul n'ignore que dans les branches de composition organique moyenne les valeurs sont égales aux prix de production et qu'alors les contraintes sont respectées : la somme des valeurs des productions de toutes les branches égale la somme des prix de ce même agrégat et la somme des plus-values de toutes les branches égale la somme des profits [15]. Aussi il nous semble légitime de définir le concept de la façon suivante : les *prix de production de marché* correspondent à une répartition du capital entre les branches qui permet le respect des deux contraintes énoncées ci-dessus.

La négligence de ces différents aspects développés dans le chapitre X est préjudiciable à une bonne compréhension du processus de transformation. Comme a pu le souligner en son temps [54] (p. 223), les commentateurs de MARX délaissent le chapitre X en faveur d'un véritable *"fétichisme"* du chapitre IX".

Pour être complet dans l'énumération des formes prix, nous évoquerons la dernière étape de l'analyse et les *prix de marché* lesquels fluctuent autour du *prix de production de marché* en fonction des variations fortuites de l'offre ou de la demande.

5.4. Quelles sont les conséquences d'une modification de la structure du capital ?

Dans ce paragraphe nous exposons les conséquences de la prise en considération de la concurrence des capitaux et des modifications de la

14. Idem, p. 189.

15. Les effets de ces deux déterminations sont identiques seulement lorsque l'offre est égale au besoin social. Mais dans l'économie réelle des écarts existent entre ces déterminations, définissant différentes formes de sur-profits, que nous avons étudiés dans nos précédents écrits, notamment dans [27].

structure du capital sur les identités remarquables, sur le taux de profit et sur les prix de production de marché.

... sur les identités remarquables

Le point de départ de la méthode de K. MARX est l'explication de la formation du profit par la plus-value et cette dernière par l'exploitation, c'est-à-dire une utilisation de la force de travail pendant une durée supérieure à la durée nécessaire pour produire les marchandises que consomment usuellement les travailleurs salariés – en fonction des usages courants de l'époque considérée. Nul besoin pour cela de recourir à un panier prédéfini et invariant de consommation ouvrière. Il résulte de cette proposition deux conséquences : la sphère de la production est seule créatrice de valeur nouvelle, la sphère de la circulation ne l'est pas. La conséquence de ces prémisses, dès que l'on décompose l'économie globale en différentes branches, est que «la somme des prix est égale à la somme des valeurs» et «la somme des profits à la somme des plus-values» selon une expression très fréquemment utilisée et formalisées par les équations :$\Sigma w_i = \Sigma p_i$ et $r(\Sigma c_i + \Sigma v_{i)} = \Sigma s_i = e\Sigma v_i$ [16]alors que l'expression de MARX est bien plus précise : *"La somme des profits dans toutes les sphères de la production doit être égale à la somme des plus-values et la somme des prix de production du produit social total doit être égale à la somme de sa valeur"*[17].

L'expression généralement utilisée est ambiguë car elle ne permet pas de savoir s'il s'agit d'additionner des prix unitaires et des valeurs unitaires (ce qui a guère de sens [18]) ou s'il s'agit de deux façons différentes d'évaluer la production totale de l'économie, une première fois en valeur et une seconde fois en prix de production. Pour clarifier ce point nous rejetons la formule $\Sigma\lambda_i = \Sigma p_i$ et formulons les identités en utilisant la formalisation

16. Voir par exemple, *Nouvelle histoire de la pensée économique*, t 2, sous la direction d'Alain BÉRAUD et Gilbert FACCARELLO, La découverte, p. 101.

17. *« De même, dans la société, lorsqu'on considère l'ensemble de toutes les branches de production, la somme des prix de production des marchandises produites est égale à la somme de leurs valeurs ». Le Capital, Editions Sociales, Livre III, p. 176. L'autre contrainte est l'égalité de la masse de profit et de la masse de plus-value.*

18. L'économiste néo-classique G. MAAREK qui a vainement cherché à retranscrire la théorie de K. MARX en termes d'équilibre général, a clairement identifié le problème quand il écrivait : *«Quelles relations existe-t-il dans le cas général entre prix de production et prix-valeurs ? Marx note à ce sujet : «Lorsqu'on considère l'ensemble de toutes les branches de production, la somme des prix de production est égale à la somme de leurs valeurs». Comme il est absurde de vouloir sommer des prix, cette proposition ne peut signifier que : le produit social a la même valeur qu'il soit calculé à l'aide des prix-valeurs ou des prix de production».*

suivante.

K_i est le vecteur colonne des capitaux engagés, Λ_i, le vecteur colonne des valeurs,P_i le vecteur colonne des "prix de production" et les coefficients a_{ij} sont définis pour une unité de capital total engagé en début de période, soit :

Symbole	f_i	d_i	c_i	v_i	s_i	w_i
Coefficient	a_{i0}	a_{i1}	a_{i2}	a_{i3}	a_{i4}	a_{i5}

La première identité est notée :

$$\Sigma(K_i^T a_{15}\Lambda_i) = \Sigma(K_i^T a_{15}\mathrm{P}_i) = \Sigma(K_i^T a_{15}x_i\Lambda_i)$$

Ce que nous reformulerons de la façon suivante : la production totale de toutes les branches évaluée en valeur est égale à cette même grandeur exprimée en prix de production de marché. Et la seconde identité (dans le cas simple d'une économie formée de deux branches[19]) par :

$$\begin{aligned} [K_1(a_{15} - a_{12}) - K_2 a_{22}]x_1 + \quad & [K_1 a_{25} - K_2(a_{13} - a_{23})]x_2 \\ = \quad & K_1 a_{14} + K_2 a_{24} + K_1 a_{11} + K_2 a_{21} \end{aligned}$$

Examinons maintenant les effets d'un changement de la structure du capital avancé sur le taux de profit.

... sur le taux de profit

Le taux de profit est affecté par les modifications de la répartition du capital et les modifications des capacités de production qu'elles engendrent.

19. Dans le cas de deux branches le profit est égal à la production totale moins les coûts de production évalués en prix tandis que la plus value est égale à la production totale moins les coûts de production évalués en valeurs.

$$\begin{aligned} &[K_1 a_{15} x_1 - K_1 a_{11} - K_1 a_{12} x_1 - K_2 a_{13} x_2 = K_1 a_{14}] \\ &[K_2 a_{25} x_2 - K_2 a_{21} - K_2 a_{22} x_1 - K_2 a_{23} x_2 = K_2 a_{24}] \end{aligned}$$

Si l'on réorganise les éléments on obtient :

$$[K_1(a_{15} - a_{12}) - K_2 a_{22}]x_1 + [K_1 a_{25} - K_2(a_{13} + a_{23})]x_2$$

$$= K_1(a_{14} + a_{11}) + K_2(a_{24} + a_{21})$$

De façon plus générale et en langage matriciel : $K^T(1-A)X = K^T(1-A)\Lambda$ pour le surplus et $K^T X = K^T \Lambda$ pour la production totale (Λ= le vecteur des valeurs, K= le vecteur du capital engagé et les coefficients a_{ij} sont calculés sur les montants des capitaux engagés dans les branches, les K_i).

Rappelons que le taux de profit d'une période (par exemple un an) est égal au rapport entre la masse de plus-value produite sur le total du capital avancé. La formule la plus fréquemment utilisée pour représenter les taux de profit est :

$$r = \frac{s}{c+v}.$$

En divisant le numérateur et le dénominateur de cette fraction par v, le capital variable, nous obtenons[20] :

$$r = \frac{s/v}{c/v+1} = \frac{e}{g+1}$$

De cette expression il vient que le taux de profit est proportionnel au taux d'exploitation et inversement proportionnel à la composition organique du capital.

Cette célèbre formule est séduisante mais elle reste imprécise car elle ne tient pas compte de la répartition du capital entre les branches. S'il est généralement admis que le taux d'exploitation est identique dans toutes les branches, ce n'est pas le cas de la composition organique des branches et la composition organique générale n'est pas la moyenne simple mais la moyenne pondérée des compositions organiques des branches par le poids relatif de chacune. Nous allons rendre cette formule plus explicite dans un système à capital circulant puis dans un système à capital fixe.

Système à capital circulant

Dans un *système à capital circulant,* le taux de profit est défini par :

$$\mathrm{r} = \frac{e}{G+1} = \frac{e}{\Sigma \mu_i g_i}$$

Dans cette expression μ_i est la part de capital variable (en %) de la branche i par rapport au total du capital variable engagé dans l'ensemble de l'économie.

Si von BORKIEWICZ avait tenu compte des mouvements des capitaux entre les branches, il aurait remarqué que la valeur du taux de rentabilité, $r = 0.25$ et un taux d'exploitation $e = 2/3$, implique une valeur de la composition organique moyenne des deux premières branches de son système égale à $G = 1.667$ et une répartition du travail entre ces deux branches telle que $\mu_1 = \mu_2 = 1/2$. Son exemple numérique pouvait ainsi être rendu compatible avec la méthode de calcul des prix de MARX même

20. Rappelons que g désigne la composition organique du capital, c'est-à-dire le rapport du capital constant sur le capital variable

si les consommations intermédiaires (les inputs) étaient évaluées à leurs prix de production, contrairement à ses affirmations comme nous l'avons montré dans notre article de 2009 (cf [29]).

Qu'en est-il dans les systèmes à capital fixe ? Ce point est examiné dans le prochain paragraphe.

Système à capital fixe

Dans un *système à capital fixe*, le taux de profit d'une période ne peut plus être calculé par la méthode usuelle. Nous le poserons égal au rapport entre la masse de plus-value produite, noté $\sum K_i s_i$ ou $\sum K_i a_{i4}$, sur le total du capital avancé, lequel tient compte du capital fixe, noté $\sum K_i f_i$ ou $\sum K_i a_{i0}$. La formule selon nos notations devient :

$$r = \frac{\sum K_i s_i}{\sum K_i(f_i + c_i + v_i)} = \frac{\sum K_i a_{i4}}{\sum K_i(a_{i0} + a_{i2} + a_{i3})}$$

Le taux de profit est la moyenne pondérée des taux des branches par le poids de chacune (et non la moyenne simple). Il dépend de trois facteurs : des compositions organiques des branches (g_i), du taux d'exploitation (e) et de la répartition du travail et du capital entre les branches, comme le précise MARX dans le chapitre X du livre III du *Capital :*

> *« Si, pour illustrer la formation du taux général, nous avons supposé chaque capital dans chaque sphère de production égal à 100, nous avons procédé ainsi pour expliquer clairement la différence existant dans le taux de profit et partant la différence entre les valeurs de marchandises produites par des capitaux de grandeur égale. Mais il va de soi que les masses effectives de plus-value produites dans chaque sphère particulière de production dépendent de la grandeur des capitaux employés puisque dans chacune d'elles la composition du capital est donnée. Cependant le taux particulier de profit dans une sphère isolée de production n'est pas modifié du fait qu'on investit un capital de 100, m 100 ou x m 100. Le taux de profit demeure 10 % qu'il y ait un profit global de 10 rapporté à 100 ou un profit global de 1 000 rapporté à 10 000. Les taux de profit dans les diverses sphères de production sont différents parce que, suivant le rapport du capital variable au capital total, des masses très différentes de plus-value, donc de profit, y sont produites. Il s'ensuit évidemment que le profit moyen pour une fraction de 100 de capital social, partant*

le taux de profit moyen ou taux général de profit, sera différent selon les grandeurs respectives des capitaux investis dans les diverses sphères. (..) En ce qui concerne l'établissement du taux général de profit, il ne s'agit donc pas seulement de faire la moyenne des taux de profit différents des diverses sphères de production, mais au contraire de tenir compte des poids différents avec lesquels ces taux différents entrent dans la moyenne. (..) Le taux général du profit est donc déterminé par deux facteurs :

1. Par la composition organique des capitaux dans les diverses sphères de production, partant par les divers taux de profit des sphères particulières ;

2. Par la répartition de la totalité du capital social dans ces différentes sphères, donc par la grandeur relative du capital investi dans chaque sphère particulière, autrement dit à un taux de profit particulier ; ce qui veut dire par la fraction de la masse de tout le capital social, absorbée par chaque sphère de production particulière. »[21]

Nous adopterons cette dernière formulation dans la suite de ce texte.

... sur les prix de production

Nous savons que les prix de production sont égaux aux coûts de production (y compris la récupération progressive des fonds engagés sous forme de capital fixe) augmentés de la quote-part de plus-value sociale à laquelle les capitalistes d'une branche peuvent prétendre en raison de la masse de capital qu'ils ont engagé dans le système productif. Dans un système de deux branches, nous avons :

$$\begin{array}{l} D_1 + C_1x_1 + V_1x_2 + r(F_1 + C_1x_1 + V_1x_2) = W_1x_1 \\ D_2 + C_2x_1 + V_2x_2 + r(F_2 + C_2x_1 + V_2x_2) = W_2x_2 \end{array}$$

En séparant les variables sur la partie gauche de l'équation et les paramètres sur la partie droite, nous obtenons le modèle analytique de détermination des prix à partir des valeurs :

$$\begin{array}{lllll} (C_1t - W_1) & x_1 + & V_1t & x_2 = & -rF_1 - D_1 \\ C_2t & x_1 + & (V_2t - W_2) & x_2 = & -rF_2 - D_2 \end{array}$$

Expression dans laquelle r et t ($t = r + 1$) sont des paramètres et nous les calculerons à partir des données en valeurs. Si l'on tient compte des

21. MARX, E.S. Livre III, tome I, chapitre X, pp. 178 et 179.

montants des capitaux engagés dans les deux branches, nous pouvons réécrire ce système en utilisant les symboles suivants :

$$\begin{array}{lllll} Symboles & f_i = \frac{F_i}{K_i} & ; \ d_i = \frac{D_i}{K_I} & ; \ c_i = \frac{C_i}{K_i} & ; \\ & v_i = \frac{V_i}{K_i} & ; \ s_i = \frac{S_i}{K_i} & ; \ w_i = \frac{W_i}{K_i} & \end{array}$$

Soit le système suivant :

$$\begin{array}{ccccccc} K_1(c_1t - w_1) & x_1 & + & K_1v_1t & x_2 & = & -rK_1f_1 - K_1d_1 \\ K_2c_2t & x_1 & + & K_2(v_2t - w_2) & x_2 & = & -rK_2f_2 - K_2d_2 \end{array}$$

$$\begin{bmatrix} K_1(c_1t - w_1) & K_1v_1t \\ K_2ct & K_2(v_2t - w_2) \end{bmatrix} \begin{bmatrix} x_1 \\ x_2 \end{bmatrix} = \begin{bmatrix} -K_1(f_1r + d_1) \\ -K_2(f_2r + d_2) \end{bmatrix}$$

ou encore

$$\begin{bmatrix} K_1 & 0 \\ 0 & K_2 \end{bmatrix} \begin{bmatrix} (c_1t - w_1) & v_1t \\ ct & (v_2t - w_2) \end{bmatrix} \begin{bmatrix} x_1 \\ x_2 \end{bmatrix}$$

==

$$= \begin{bmatrix} K_1 & 0 \\ 0 & K_2 \end{bmatrix} \begin{bmatrix} -(f_1r + d_1) \\ -(f_2r + d_2) \end{bmatrix}$$

La dernière étape consiste à utiliser les coefficients a_{ij} définis pour une unité de capital total engagé (c'est-à-dire la somme du capital fixe en début de période, du capital circulant et du capital variable) :

Symbole	f_i	d_i	c_i	v_i	s_i	w_i
Coefficient	a_{i0}	a_{i1}	a_{i2}	a_{i3}	a_{i4}	a_{i5}

D'où il vient :

$$\begin{bmatrix} K_1(a_{12}t - a_{15}) & K_1a_{13}t \\ K_2a_{22}t & K_2(a_{23}t - a_{25}) \end{bmatrix} \begin{bmatrix} x_1 \\ x_2 \end{bmatrix} = \begin{bmatrix} -K_1(a_{10}r + a_{11}) \\ -K_2(a_{20}r - a_{21}) \end{bmatrix}$$

Nous obtenons ainsi un système dont la forme générale est $diag(K)AX = diag(K)B$ où :

$$diag(K) = \begin{bmatrix} K_1 & 0 \\ 0 & K_2 \end{bmatrix}$$

$$A = \begin{bmatrix} (c_1t - w_1) & v_1t \\ ct & (v_2t - w_2) \end{bmatrix}$$

$$B = \begin{bmatrix} -(f_1 r + d_1) \\ -(f_2 r + d_2) \end{bmatrix}$$

et

$$X = \begin{bmatrix} x_1 \\ x_2 \end{bmatrix}$$

Finalement le vecteur des prix de production est donné par :
$X = inv(diag(K)A) * diag(K)B$

Il découle de ces réflexions que la grandeur des prix de production varie avec le taux d'exploitation et les compositions organiques des capitaux mais aussi avec les masses du capital engagé dans les branches. Ceci peut être illustré à l'aide d'un exemple.

Reprenons l'exemple numérique emblématique de von BORTKIEWICZ adapté de manière à tenir compte du capital fixe qui a été présenté au chapitre 4 et qui est constitué de deux banches. Nous nous proposons maintenant de calculer les prix de production. L'exemple numérique part d'un capital total avancé ($\Sigma F_i + \Sigma C_i + \Sigma V_i$) d'un montant posé égal à 715 milliards d'euros dont la répartition est quelconque.
Nous allons maintenant examiner plusieurs répartitions entre les deux branches d'un capital dont la grandeur totale reste inchangée.

Premier cas

TABLE 5.8. – Cas 1 : Répartition du capital

Branche	K_i	F_i	D_i
I	415	125	25
II	300	100	20
Total	715	225	45

TABLE 5.9. – Cas 1 : Valeurs

Branche	D_i	C_i	V_i	S_I	W_i
I	25	200	90	60	375
II	20	80	120	80	300
Total	45	280	210	140	675

La récupération des fonds investis en capital fixe se fait sur cinq ans. Le système analytique est régulier [22]le taux de profit ne peut plus être calculé par la méthode standard (c'est-à-dire à partir de la valeur propre de la matrice A). Il est égal au rapport entre la plus-value créée dans les deux branches sur le total du capital avancé dans celles-ci (y compris la totalité du capital fixe), soit ici $140/715 = 19,58\%$ et $t = 1 + r = 1.1958$

Établissons maintenant les prix de production qui sont donnés par la formule :

$X = inv(diag(K)A) * diag(K)B.$

$$diag(K) = \begin{bmatrix} 415 & 0 \\ 0 & 300 \end{bmatrix}$$

$$A = \begin{bmatrix} (c_1t - w_1) & v_1t \\ ct & (v_2t - w_2) \end{bmatrix} = \begin{bmatrix} -135.839 & 107.622 \\ 95.664 & -156.503 \end{bmatrix}$$

$$diag(K) * B = \begin{bmatrix} -K_1 & (f_1r + d_1) \\ -K_2 & (f_2r + d_2) \end{bmatrix} = \begin{bmatrix} -49.475 \\ -39.580 \end{bmatrix}$$

et les inconnues :

$$X = \begin{bmatrix} x_1 \\ x_2 \end{bmatrix}$$

D'où les prix de production unitaires

$$\begin{bmatrix} x_1 \\ x_2 \end{bmatrix} = \begin{bmatrix} 1.094 \\ 0.922 \end{bmatrix}$$

Et finalement le tableau en prix de production :

TABLE 5.10. – Cas 1 : Prix de production

Branche	D_i	$C_i * x_1$	$V_i * x_2$	profit	$x_i * W_i$
I	25	218.986	82.989	83.597	410.542
II	20	87.582	110.652	58.395	276.630
Total	45	306.568	193.641	141.993	687.173

Toutefois cette première solution n'est pas satisfaisante, la valeur de la production globale des deux branches (750) est supérieure à la grandeur

22. Un système d'équations linéaires ($AX = B$) est dit régulier quand les éléments du second membre du système ne sont pas tous nuls ($B \neq 0$), dans le cas contraire le système est dit homogène.

de la production évaluée en prix de production (687.173) et la somme des plus-values (140) est inférieure à la somme des profits (141.993). La situation est déséquilibrée.

Si la répartition du capital entre les branches venait à changer, quelle serait la nouvelle grandeur du taux de profit et des prix de production des marchandises ? Examinons cette hypothèse dans une deuxième exemple.

Deuxième cas

Considérons maintenant une seconde répartition du capital, tout aussi arbitraire que la précédente : $K_1 = 445$ et $K_2 = 270$.

TABLE 5.11. – Cas 2 : Répartition du capital

Branche	K_i	F_i	D_i
I	445	134.036	26.807
II	270	89.999	18
Total	715	224.035	44.807

TABLE 5.12. – Cas 2 : Valeurs

Branche	D_i	C	V	S	W
I	26.807	214.457	96.506	64.337	402.108
II	18	72	108	72	270
Total	44.807	286.457	204.506	136.337	672.108

Le montant total du capital engagé, dont la répartition entre les branches a été modifiée, s'élève toujours à =715 et la grandeur du taux de profit devient 136.337/715= 19.068%, contre 19,58% précédemment.

Les prix de production unitaires sont :

$$\begin{bmatrix} x_1 \\ x_2 \end{bmatrix} = \begin{bmatrix} 1.049 \\ 0.885 \end{bmatrix}$$

Ces grandeurs nous permettent d'établir le tableau suivant :

TABLE 5.13. – Cas 2 : Prix de production

Branche	D	$C_i * x_1$	$V_i * x_2$	Profit	$x_i * W_i$
I	26.807	225.152	85.422	84.779	422.160
II	18	75.590	95.596	49.803	238.990
Total	44.807	300.742	181.018	134.582	661.150

Cette répartition n'est pas plus satisfaisante que la première. La valeur de la production globale (672.108) est supérieure à la grandeur de ce même agrégat évaluée en prix de production (661.150). De même la somme des plus-values des deux branches (136.337) est supérieure à la somme des profits (134.582).

5.5. Conclusion

Il découle de ces réflexions que la grandeur des *prix de production* varie avec la répartition du capital total entre les branches, contrairement à celle des *prix de production* au sens strict. Ces derniers mettent en évidence les effets des différences des compositions organiques du capital des branches, abstraction faite des différences dans les masses de capitaux investis dans celles-ci, car ils sont définis pour une grandeur du capital avancé égale à 100.
Nous avons vu dans l'exemple numérique présenté ci-dessus que les contraintes ne sont généralement pas satisfaites quand la répartition de capital entre les branches est aléatoire.

Toutefois dans le premier cas le total des prix était inférieur à celui des valeurs tandis que nous observions une situation inverse dans le deuxième cas. Il est facile d'imaginer qu'il existe entre ces deux cas une répartition du capital pour laquelle la valeur de la production totale des deux branches est égale à la grandeur de ce même agrégat évalué en prix de production, nous appellerons *prix de production de marché* les prix ainsi établis.

Les *prix de production de marché* correspondent à une répartition du capital entre les branches qui est compatible avec le respect des deux contraintes, à savoir la somme des valeurs des productions de toutes les branches égale la somme des prix de ce même agrégat et la somme des plus-values de toutes les branches égale la somme des profits.
Au niveau analytique il conviendrait de compléter le système formé de n équations de production par les deux équations qui représentent les

contraintes mais celui-ci deviendrait surdéterminé (n+2 équations pour n+1 inconnues) et n'aurait pas de solution. Comment surmonter cette contradiction voire cette difficulté ? Tel est l'objet du prochain chapitre.

6. La surdétermination du système complet

"Quand les lois des mathématiques se réfèrent à la réalité, elles ne sont pas certaines ; et si elles sont certaines, elles ne se réfèrent pas à la réalité". Albert EINSTEIN

Dans les précédents chapitres nous avons mis en évidence le rôle du capital fixe, du besoin en fonds de roulement et des transferts de capitaux entre les branches dans l'analyse de la relation entre la valeur du travail humain et son expression monétaire, il nous faut maintenant tenir compte des deux contraintes, lesquelles sont définies de la façon suivante : d'une part, dans la société, lorsqu'on considère l'ensemble de toutes les branches de production, la somme des prix de production de toutes les marchandises produites est égale à la somme de leurs valeurs et d'autre part, la masse de tous les profits est égale à la masse des plus-values. [1]

L'opinion la plus commune est que si le problème de la relation entre la valeur du travail humain et son expression monétaire (le prix) est formulé de façon complète, c'est-à-dire en tenant compte des deux contraintes évoquées ci-dessus, le système analytique est sur-déterminé et n'a pas de solution. La question de l'existence d'une solution au problème revient à discuter le nombre de variables relativement au nombre d'inconnues du système d'équations linéaires (cf par exemple SETON [57], EMMANUEL [13] p. 365 et s.).

6.1. Formalisation

Le problème de la transformation des valeurs en prix de production peut être formulé de deux façons différentes. Soit on définit la détermination des prix à partir des seules conditions de production, le système est alors sous-déterminé et manque de détermination complète ([57]) ; soit on ajoute les équations qui formalisent les deux contraintes de MARX, le système est alors sur-déterminé et n'a pas de solution au sens classique

1. MARX, *Le Capital,* E. S., Livre III, p. 176.

du terme, sauf dans quelques cas très particuliers [13]. Examinons plus précisément chacune de ces formulations.

Formulation partielle (sans les contraintes)

La transformation des valeurs en prix de production est un problème sous-déterminé. Si nous prenons en considération les équations de production, nous obtenons un système de n équations à n+1 inconnues : les n prix x_1, x_i, x_n et le taux de prifit (r). Pour le dire brièvement, l'opinion la plus fréquente est que le système peut être correctement déterminé si l'on ajoute une équation en opérant le choix de l'une des deux contraintes mais pas les deux simultanément.

Peut-on choisir l'une de ces deux conditions et écarter l'autre purement et simplement, afin de ramener le nombre d'équations au nombre des inconnues ? C'est effectivement dans cette voie que se sont engagés tous ceux qui ont proposé des solutions. Par exemple von BORTKIEWICZ pose en hypothèse que la marchandise qui sert de monnaie est produite dans la section des biens de luxe et que le coefficient de transformation dans cette branche est égal à un ($x_3 = 1$, dans un système à trois branches). MOSZKOWSKA et WINTERNITZ choisissent l'égalité entre la somme des valeurs et la somme des prix. Chez les uns, la somme des profits est bien égale à la somme des plus-values mais la somme des prix n'est pas égale à la somme des valeurs ; chez les autres c'est l'inverse. Aussi, comme le constate SETON, il n'y a aucune base objective qui justifie le choix de l'une des invariances au détriment de l'autre et il faut en conclure que le problème de la transformation n'ayant pas de solution unique est dépourvu de détermination adéquate.

Le choix est arbitraire, soit on choisit la première contrainte et la seconde ne peut pas être vérifiée ; soit on retient la seconde mais c'est alors la première qui n'est pas vérifiée. *"Il est normalement impossible d'obtenir une transformation simultanée qui rendrait le profit total égal à la plus-value totale et, en même temps, rendrait la somme des prix de production égaux à la valeur totale. Dans certains cas exceptionnels, nous pouvons conserver l'une de ces équations, mais pas les deux."* (MEEK[42], p. 191).

Aussi sommes-nous conduits à examiner une autre voie, celle qui inclut dans le modèle les deux contraintes.

Formulation complète (avec les contraintes)

Faut-il intégrer les deux contraintes dans le système d'équations ? EMMANUEL [13] a exploré cette voie et l'a rejetée. Si les prix de production (les $p_i = x_i w_i$), note-t-il, doivent être des prix absolus, comme le sont les valeurs (w_i), nous voyons surgir deux autres conditions : la somme des prix doit être égale à la somme des valeurs et la somme des profits doit être égale à la somme des plus-values. Aussi, nous explique-t-il, nous avons dès lors n+2 équations indépendantes, pour n+1 inconnues (les n prix et le taux de profit) ; le système est surdéterminé et trouver une solution devient impossible. Cela signifie que les identités sont inconciliables et contradictoires. Or ces deux conditions ne sont rien d'autre que les deux invariances dites fondamentales *"que* MARX *et* ENGELS *ont toujours invoquées pour "prouver" que les prix de production ne contredisent en rien la détermination ultime de la valeur d'échange par la valeur en tant que quantité de travail incorporé dans les marchandises"* aussi il semble à EMMANUEL qu'il faille aller plus loin que SETON et que *"nous devons conclure que si, les prix de production doivent être des prix absolus comme les valeurs, exprimés comme elles en unités de travail, la réponse à la question que nous avons posée en commençant ce paragraphe est négative. Il n'y a pas de solution unique au problème de la transformation et par conséquent pas de détermination des prix de production par les valeurs"* (p. 367).

Dans cette seconde formulation le système complet est composé de n +2 équations indépendantes, pour n+1 inconnues (les n prix et r), il est surdéterminé et ne possède pas de la solution au sens classique du terme. Pourtant nous nous proposons maintenant d'explorer une voie nouvelle et nous nous interrogeons. Existe-t-il une méthode scientifique pour résoudre les systèmes d'équations linéaires surdéterminés ? La réponse à cette question est positive, il s'agit de la méthode de MOORE et PENROSE établie au début du XXe siècle qui en utilisant certaines propriétés de l'algèbre matricielle fournit une solution approchée aux systèmes d'équations surdéterminés. Cette méthode mathématique élaborée au début du XXe siècle est absente de la boîte à outils mathématiques des économistes académiques et elle est ignorée par beaucoup d'entre eux aussi avons-nous opté pour en faire une brève présentation pédagogique que nous illustrerons à l'aide d'un exemple très simple emprunté à Gilles DUBOIS.

6.2. Les systèmes surdéterminés

Dans tout système d'équations linéaires il y a trois paramètres : le nombre m de lignes (ce qui correspond au nombre d'équations), le nombre n de colonnes (ce qui correspond au nombre d'inconnues) et le rang r du système[2] qui définit le nombre d'équations indépendantes. La prise en compte d'un système de détermination d'une inconnue quelconque nécessite l'élimination des équations dépendantes, car celles-ci n'apportent aucune information nouvelle.

On dit qu'un tel système est *"surdéterminé"* si le nombre des équations dépasse le nombre des inconnues. Il n'y a, a priori, aucune raison pour que le rang du système soit égal au nombre de lignes, ni au nombre d'inconnues. On a toujours $r \leq$ max (m,n). Les cas intéressants pour la notion de systèmes surdéterminés sont les cas où $r = n$, c'est-à-dire le rang est exactement égal au nombre d'inconnues. Dans le cas contraire par élimination de lignes on peut toujours se ramener à un système sousdéterminé. Nous supposerons donc que nous sommes dans le cas où $m > n$ et $r = n$. En outre, quitte à permuter les équations, nous supposerons que les n premières lignes du système sont indépendantes. Dans ce cas la théorie générale nous dit :

- Soit les conditions de compatibilité sont vérifiées, auquel cas on est ramené à un système de CRAMER.

- Soit les conditions de compatibilité ne sont pas vérifiées, auquel cas il n'y a aucune solution.

Nous allons maintenant considérer d'autres cas, où faute de trouver des solutions *"exactes"* nous allons nous efforcer de trouver des solutions approchées au sens des moindres carrés, notion qui fait appel à la méthode de MOORE et PENROSE et que nous allons maintenant présenter.

La méthode de Moore et Penrose

Pour les aspects purement mathématiques de la méthode des moindres carrés de résolution de systèmes surdéterminés nous renvoyons le lecteur aux ouvrages spécialisés notamment aux écrits de MOORE[3] et PENROSE [49], [50][4] et à l'ouvrage récent de BOYD [4].

Position de problème

Considérons $A_{m,n}$ la matrice des coefficients des premiers membres, X_m la matrice colonne des inconnues et B_n la matrice colonne des seconds membres. Le système peut alors être présenté par l'équation matricielle $AX = B$. Supposons que ce système ait plus d'équations que

2. Le rang d'une matrice A, noté rg A, est le nombre maximal de vecteurs lignes (ou colonnes) linéairement indépendants.

3. Eliakim Hasting MOORE (1862-1932) était un mathématicien américain

4. Roger PENROSE (né en 1931) est un mathématicien britannique

d'inconnues, cela se traduit par le fait que $m > n$. Des solutions satisfaisant à peu près les équations peuvent parfois être suffisantes. L'idée est de chercher un vecteur X tel que la distance de la matrice AX au vecteur B soit la plus petite possible, ou ce qui est équivalent, à chercher les valeurs pour les inconnues telles que la somme des carrés des différences entre le premier et le second membre soit la plus petite possible. On dira que le vecteur colonne des inconnues X satisfait au mieux le système $AX = B$.

Théorème Soit $AX = B$ un système comportant plus d'équations que d'inconnues, la matrice colonne des inconnues X satisfait au mieux ce système si et seulement si X est solution du système [5] :

$$A^T AX = A^T B \Leftrightarrow X = (A^T A)^{-1} A^T B$$

Les solutions d'un tel système sont parfois appelées pseudo-solutions du système $AX = B$.

Calcul pratique des pseudo-solutions

Le calcul pratique d'une pseudo-solution, bien que ne présentant aucune difficulté théorique particulière, peut s'avérer (très) long et techniquement difficile. En pratique, nous avons eu recours à des bibliothèques spécialisées permettant de calculer le pseudo-inverse de MOORE-PENROSE de la matrice A du système (la fonction lsq des logiciels Xcas ou Scilab). Traitons l'exemple simple ci-après [6], formé de trois équations et de deux inconnus, x et y :

$$x + y = 1$$
$$x - y = -1$$
$$x + 2y = 4$$

Il correspond à un système sur-déterminé de rang 2. Nous cherchons donc à minimiser la quantité :

$$(x + y - 1)^2 + (x - y + 1)^2 + (x + 2y - 4)^2$$

Soit à minimiser f (x,y) $=3x^2 + 6y^2 + 4xy - 8x - 20y + 18$. Une méthode classique de résolution consiste à annuler les dérivées partielles par rapport à x et y (conditions nécessaires pour un extremum local). Nous obtenons alors le système :

5. La matrice A^T est la transformée de la matrice A.
6. Cet exemple est emprunté à Gilles DUBOIS, http://gilles.dubois10.free.fr/

$$\begin{array}{rclcccc} \frac{df(x,y)}{dx} & = & 0 & \Leftrightarrow & 6x+4y-8=0 & \Leftrightarrow & 3x+2y=4 \\ \frac{df(x,y)}{dy} & = & 0 & \Leftrightarrow & 12y+4x-20=0 & \Leftrightarrow & x+3y=5 \end{array}$$

dont les solutions sont $x = \frac{2}{7}$ et $y = \frac{11}{7}$.

Voici maintenant la résolution de ce système avec la méthode de Moore-Penrose. Le système (1) est tout d'abord réécrit sous une forme matricielle, $AX = B$.

avec $A = \begin{bmatrix} 1 & 1 \\ 1 & -1 \\ 1 & 2 \end{bmatrix}$, $B = \begin{bmatrix} 1 \\ -1 \\ 4 \end{bmatrix}$, $A^T = \begin{bmatrix} 1 & 1 & 1 \\ 1 & -1 & 2 \end{bmatrix}$,

$A^T A = \begin{bmatrix} 3 & 2 \\ 2 & 6 \end{bmatrix}$

D'où il vient :

$$\begin{bmatrix} 1 & 1 \\ 1 & -1 \\ 1 & 2 \end{bmatrix} \begin{bmatrix} x \\ y \end{bmatrix} = \begin{bmatrix} 1 \\ -1 \\ 4 \end{bmatrix}$$

La forme générale de la solution est la suivante :

$$X^* = (A^T A)^{-1} A^T B$$

et la solution numérique calculée avec le logiciel Xcas, $X^* = \begin{bmatrix} \frac{2}{7} \\ \frac{11}{7} \end{bmatrix}$, elle est évidemment identique à la solution précédente.

Comme nous l'avons évoqué, il s'agit d'une solution approximative; en reportant ces résultats dans les équations initiales on ne trouve pas exactement les grandeurs escomptées (le vecteur B) mais des montants approchés.

$$\begin{array}{ccccccccc} \frac{2}{7} & + & \frac{11}{7} & = & \frac{13}{7} & = & 1.8571 & \approx & 1 \\ \frac{2}{7} & - & \frac{11}{7} & = & -\frac{9}{7} & = & -1.2857 & \approx & -1 \\ \frac{2}{7} & + & \frac{2*11}{7} & = & \frac{24}{7} & = & 3.4285 & \approx & 4 \end{array}$$

Il existe donc un "résidu" que nous pouvons calculer à l'aide de la formule $E = AX^* - B$:

$$\begin{array}{rcl} e_1 & = & 0.8571 \\ e_2 & = & -0.2857 \\ e_3 & = & -0.5714 \end{array}$$

Représentation graphique :

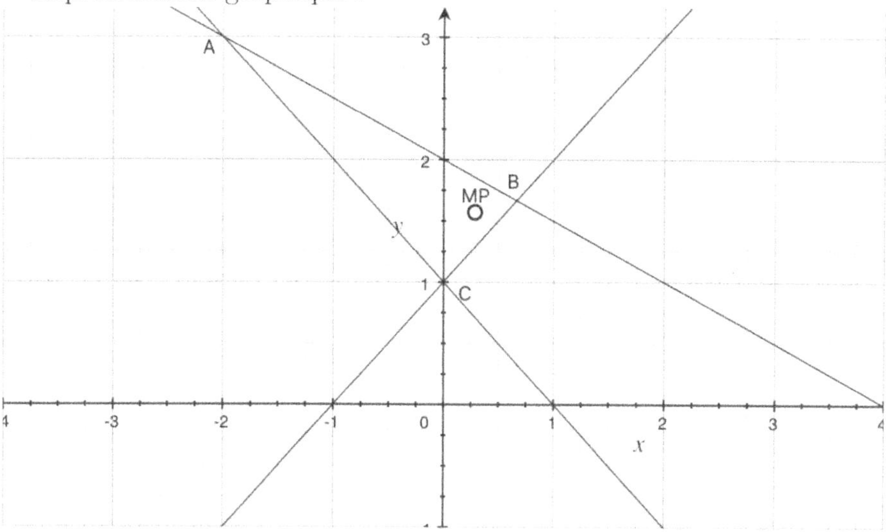

Le triangle défini par les points A, B et C représente l'espace des solutions possibles mais approchées. Le point MP, dit point de MOORE-PENROSE, caractérise une solution, celle qui n'est pas parfaite mais qui minimise la somme des carrés des différences entre le premier et le second membre de chaque équation du système, il s'agit de la *« meilleure solution approximative »* selon l'expression utilisée par PENROSE [50].

Généralisation

Soit le système linéaire $A_{(m,n)} = B$, si $m = n$, la matrice A est carrée et si A est inversible alors la solution existe et est unique, $X = A^{-1}B$.

Inversement si $m > n$ le système a plus d'équations que d'inconnues, il est dit surdéterminé. Un système surdéterminé n'admet généralement pas de solution au sens classique du terme car la matrice A n'est pas carrée, elle possède plus de lignes que de colonnes et l'inverse usuel ne peut pas être calculé. Toutefois la matrice A admet un *"pseudo-inverse"* qu'il est d'usage de nommer $A^{\dagger}$.[7] C'est le pseudoinverse de MOORE-PENROSE dont la définition et les principales propriétés sont les suivantes :

Définition

$$A^{\dagger}A = I$$

mais $AA^{\dagger} \neq I$

7. Que l'on prononce "A dague".

Propriétés : [8] Soit une matrice A, nous dirons que A possède un inverse de MOORE-PENROSE (ou un pseudoinverse) si, et seulement si, il existe une matrice $A^\dagger$ telle que :

$$
\begin{aligned}
AA^\dagger A &= A \\
A^\dagger AA^\dagger &= A^\dagger \\
(AA^\dagger)^T &= AA^\dagger \\
(A^\dagger A)^T &= A^\dagger A
\end{aligned}
$$

Ces quatre équations sont appelées les équations de MOORE-PENROSE. Si A possède un pseudoinverse, celui-ci est unique. Cela signifie qu'il existe seulement une et une seule solution qui vérifie les quatre équations des MOORE-PENROSE. [9] Pour calculer les solutions d'un système $AX = B$, comportant plus d'équations que d'inconnues, nous utiliserons la méthode MOORE-PENROSE, apte à résoudre un système surdéterminé. Il convient de prémultiplier chaque terme du système précédent par A^T, soit $A^T AX = A^T B$. La matrice $A^T A$ qui est une matrice de dimension n x n, est inversible, ce qui nous permet de dire que la solution approchée de ce système est $X^* = (A^T A)^{-1} A^T B$, soit $X^* \approx A^\dagger B$, sachant que $A^\dagger = (A^T A)^{-1} A^T$.

Opérations autorisées pour mettre le système sous forme matricielle

Il faut bien avoir en mémoire ici que nous cherchons des valeurs aux inconnues telles que la somme des carrés des différences entre le premier et le second membre soit la plus petite possible. Il se peut toutefois que le système soit donné sous une forme qui ne permet pas de le mettre immédiatement sous forme matricielle. Nous sommes donc amenés à exécuter certaines opérations pour reformuler le système sous une forme matricielle. Quelles opérations nous est-il permis de faire sans perturber le résultat final (ici l'évaluation du *"bruit"* ou de *l'erreur* au sens des moindres carrés) [10] ?

Nous savons que nous pouvons ajouter ou retrancher un même nombre aux deux membres d'une équation, cette opération laisse invariante la différence entre les deux membres de l'équation. De cette règle résulte la possibilité de transférer un terme d'un membre dans un autre sans perturber la somme des carrés des différences entre les deux membres.

8. Sudipto BANERJEE, Anindya ROY, *Linear Algebra and Matrix Analysis for Statistics*, Taylor & Francis, New York, 2014, p 272.

9. Une démonstration de ce théorème peut être trouvée dans *Matrix Theory, From Generalized Inverses to Jordan Form*, R. PIZIAK, P.L. ODELL, Chapman & Hall/CRC, 2007, p. 180

10. Source : https://fr.wikiversity.org/wiki/Trace_et_transpos%C3%A9e_de_matrice

Cette opération, si elle est nécessaire, sera donc considérée comme licite pour mettre le système sous forme matricielle.

Nous savons aussi que l'on peut multiplier les deux membres d'une équation par un même nombre sans perturber l'égalité entre les deux membres. Toutefois nous comprenons aisément que si ce nombre est différent de 1 ou -1, la grandeur absolue de la différence entre les deux membres XA et B va être modifiée. Par conséquent nous nous interdirons de multiplier les deux membres d'une équation d'un système surdéterminé pour le mettre sous forme matricielle.

6.3. Conclusion

Cette présentation pédagogique nous semble suffisante pour comprendre les développements qui vont suivre ; toutefois le lecteur qui voudrait approfondir les aspects mathématiques de cette méthode pourra utilement consulter l'ouvrage de BOYD et VANDENBERGHE (déjà cité). Dans un article récent ER-WEI BAI et YUN LIU se proposent d'appliquer la méthode des moindres carrés aux systèmes bilinéaires [11].
Nous adoptons cette méthode dans un prochain chapitre et nous l'appliquons au problème de la transformation dans un cas simple, celui d'une économie formée de deux branches. L'objectif de ce chapitre sera de familiariser le lecteur avec cette nouvelle méthode et de présenter les outils nécessaires pour construire une nouvel algorithme de résolution du problème de la transformation des valeurs en prix de production mais préalablement nous expliquons comment ont été construits nos exemples numériques.

11. Least squares solutions of bilinear equations, ER-WEI BAI, YUN LIU, 2005, *Systems and control letters*, 55, pp. 466-472

7. La construction des exemples numériques

Dans les développements précédents nous avons souligné l'importance du chapitre X du livre III du *Capital* pour la compréhension de la problématique de la transformation des valeurs en prix car dans ce texte MARX complète l'explication de la formation des prix de production par la péréquation de la plus-value en fonction des compositions organiques du capital des branches qu'il a développé dans le chapitre IX. Dans ce chapitre il supposait que le capital avancé dans chaque branche était égal à 100 unités et que les compositions organiques des branches étaient différentes, maintenant il va souligner l'importance la répartition du capital entre les branches dans ce processus et tenir compte des volumes de capital engagé dans chaque branche. Toutefois l'auteur du *Capital* ne fournit pas d'exemple numérique dans ce chapitre, contrairement à ce qu'il a fait dans le chapitre précédent, et ces explications restent littéraires. Nous nous proposons de combler cette lacune.

Nous nous proposons de construire des systèmes qui résolvent la transformation des valeurs en prix de production de marché après la prise en compte des transferts de capitaux entre les branches. Dans la suite de cet ouvrage nous illustrerons nos démonstrations d'exemples numériques qui sont construits à partir d'une adaptation des chiffres du chapitre IX, livre III du *Capital* de MARX. Dans ce chapitre de transition nous expliquons comment nous avons construit ces exemples. Nous rappelons tout d'abord brièvement les tableaux du chapitre IX de MARX. Puis nous évoquons comment TUGAN-BARANOVSKY et L. VON BORTKIEWICZ ont construit d'autres tableaux à partir de ces chiffres afin d'obtenir un système de reproduction simple, sans capital fixe, dans lequel la question de la répartition du capital entre les branches est évacuée.

Nous présentons enfin les modifications que nous avons apportées aux tableaux initiaux de MARX pour prendre en compte les différences entre capital fixe et capital circulant et de la récupération progressive des fonds investis sur la durée de vie des immobilisations acquises avec la part des fonds engagés que l'on nomme *"capital fixe"*.

Ces éléments seront utilisés dans les chapitres suivants afin d'illustrer nos démonstrations.

7.1. L'exemple de Marx

Nous reproduisons ci-dessous les chiffres donnés par K. MARX dans le livre III du *Capital,* chapitre IX [1]

TABLE 1.1 – Livre III du *Capital*

Sphère	Capital avancé	e	Pl	Taux π	Capital consommé	W	Coûts de production
I	80c + 20v	100%	20	20%	50	90	70
II	70c + 30v	100%	30	30%	51	111	81
III	60c + 40v	100%	40	40%	51	131	91
IV	85c + 15v	100%	15	15%	40	70	55
V	95c + 5v	100%	5	5%	10	20	15
Total	390c + 100v	100%	110	22%			
Moyenne	78c + 22v		22	22%			

Sphère	Capital avancé	Pl	Valeurs	Coût	Prix de production	π %	Écart $P_i - W_i$
I	80c + 20v	20	90	70	92	22%	+2
II	70c + 30v	30	111	81	103	22%	-8
III	60c + 40v	40	131	91	113	22%	-18
IV	85c + 15v	15	70	55	77	22%	+7
V	95c + 5v	5	20	15	37	22%	+17

À partir de ces chiffres TUGAN-BARANOVSKY et L. von BORTKIEWICZ construisirent un exemple à trois sections.

7.2. Tugan-Baranovsky et L. von Bortkiewicz

Pour ces auteurs, les sphères doivent être agrégées et regroupées en trois sections de production : « *En I, nous trouvons les moyens de production, en II, les moyens de consommation des travailleurs et en III les moyens de consommations des capitalistes*» [2]. DOSTALER nous apprend que cette problématique est héritée de TUGAN-BARANOWSKY, qui a modifié l'exemple numérique de K. MARX, après avoir agrégé les industries en sections, de façon à obtenir un système de reproduction simple[11] , note 18 du chapitre V, «*La synthèse de Bortkiewicz*».

1. *Capital,* E.S., Livre III, tome 3, chapitre IX, p.173
2. Idem, p. 20.

Le tableau de passage est le suivant :
La section I est la somme des sphères III et IV.
La section II est la somme des sphères I et II ;
La section III correspond à la sphère II de MARX.

TABLE 7.1. – BORTKIEWICZ avant simplification

Section	Capital avancé	C	αC	V	M	W
I	145c + 55v	145	91	55	55	201
II	70c + 30v	70	60	25	25	110
III	60c + 40v	60	51	30	30	111
Total	390c + 100v	100%	202	110	110	422

Puis ces auteurs opèrent deux modifications que nous jugeons substantielles :

1. Ils suppriment toute distinction entre capital consommé (flux) et capital avancé (stock), ce qui revient à effacer la distinction entre capital fixe et capital circulant que K. MARX avait pris soin de définir dès le Livre II du *Capital.*
2. En outre, ils constatent que le système n'est pas de reproduction simple mais qu'il suffit de modifier d'une unité la grandeur du capital consommé de la première section et de la troisième pour obtenir un système de *"reproduction simple"*. Ils sont donc conduits à enlever une unité de capital consommée de la (nouvelle) section III pour l'ajouter à la (nouvelle) section II et obtiennent le tableau suivant.

TABLE 7.2. – Tableau de reproduction simple

Sections	Capital constant	V	Pl		W
I	92	55	55	=	202
II	60	25	25	=	110
III	50	30	30	=	110
Total	202	110	110	=	422

Ce système est bien de «reproduction simple». Les salaires distribués évalués en valeur (110) sont suffisants pour acheter la totalité de la production de la deuxième branche. Les revenus des capitalistes (110) sont égaux à la valeur de la production des biens de luxe de la troisième branche et le revenu net de chacune des branches (202) est suffisant pour renouveler le capital circulant consommé dans le processus de production.

Dans ce tableau la section III dépend des deux précédentes.

7.3. Critique

Cette hypothèse n'est pas celle de K. MARX qui, comme nous l'avons vu précédemment, illustre sa démonstration par un exemple numérique dans lequel cinq équations indépendantes sont présentées et dans lequel il n'existe aucune relation entre les coefficients d'une branche avec ceux des autres branches, ce qui n'est pas le cas dans le tableau chiffré de TUGAN-BARANOVSKY et L. von BORTKIEWICZ construit sous l'hypothèse d'une reproduction simple. En faisant ces regroupements et ces hypothèses les sections de TUGAN-BARANOWSKY et von BORTKIEWICZ ne sont plus indépendantes les unes des autres. Elles échangent leurs productions de façon à ce que le système se reproduise à l'identique.

Nous ne suivrons pas ces auteurs sur ce point pour suivre une démarche propre.

Ce faisant ces auteurs introduisent une double dépendance.

- En se plaçant dans le cadre de la reproduction simple (dans lequel les sections sont interdépendantes), les conditions basiques d'un système de détermination des prix ne sont plus remplies. (indépendance des équations qui forment le système).

La principale particularité qu'il convient de souligner est la contradiction interne au système de détermination des prix dans le cadre de la reproduction simple. La principale erreur de L. von BORTKIEWICZ et M. TUGAN-BARANOWSKY) nous semble d'ordre mathématique : ils définissent des systèmes de détermination des prix constitués d'équations ne sont pas indépendantes. Cette contradiction peut être énoncée de la façon suivante : la définition générale d'un système de détermination de prix présuppose l'indépendance des équations qui le composent tandis que l'hypothèse de reproduction simple postule l'inverse : la dépendance des équations. Tout système mathématique de détermination des prix suppose l'indépendance des équations qui le constituent. En général, un système d'équations linéaires peut se comporter différemment qu'attendu si les équations sont linéairement dépendantes ou si deux ou plus des équations sont inconsistantes[3]. Les équations d'un système d'équations linéaires sont indépendantes si aucune de ces équations ne peut être déduite algébriquement des autres. Quand les équations sont indépendantes, chaque équation contient de nouvelles informations sur les variables et supprimer l'une des équations augmente la taille de l'ensemble des solutions. Inversement quand les équations sont dépendantes, certaines équations ne contiennent pas de nouvelles informations sur les variables et elles sont donc inutiles. Supprimer les équations redondantes ne modifie pas la taille de l'ensemble des solutions. De cette erreur il résulte que le taux général de profit est déterminé indépendamment des conditions de production des industries de luxe (la troisième section).

- En se situant dans un système à capital circulant (de reproduction simple ou élargie) les auteurs entrent dans des systèmes d'analyses homogènes qui n'a de solution que si le déterminant de la matrice socio-technique est égal à zéro, c'est-à-dire s'il existe une dépendance entre les équations qui forment le système. Nous retrouvons ici la même contradiction que précédemment.

Pourquoi ces auteurs font-ils cela ?

1. Le taux général de profit est déterminé indépendamment des conditions de production des industries de luxe (la troisième section). Cette propriété n'a pas échappé à P. SWEEZY[4] qu'il baptisa : *«corollaire de L. von* BORTKIEWICZ*»*. K. MAY[5] formula la véritable explication. L'hypothèse de reproduction simple implique l'interdépendance[6] des valeurs

3. Les équations d'un système linéaire sont dites consistantes si elles possèdent une solution commune et inconsistantes dans le cas contraire. Si les équations sont inconsistantes il est possible de déduire une contradiction.

4. [?].

5. Kenneth MAY, *Value and prise of production : a note on* WINTERNITZ *solution*, Economic Journal, LVIIII (1948) 596-9

6. L'analyse de L. von BORTKIEWICZ est fondée sur la notion de reproduction simple qui se traduit par des relations d'équilibre des échanges entre les sections selon lesquelles :

$c_1 + v_1 + m_1 = c_1 + c_2 + c_3$

$c_2 + v_2 + m_2 = v_1 + v_2 + v_3$

$c_3 + v_3 + m_3 = m_1 + m_2 + m_3$

ou encore après simplification :

$v_1 + m_1 = c_2 + c_3$ (1)

$c_2 + m_2 = v_1 + v_3$ (2)

$c_3 + v_3 = m_1 + m_2$ (3)

Exprimées sous cette forme les équations (1), (2) et (3) ne sont pas indépendantes. En effet, il suffit d'additionner les deux premières pour obtenir la troisième : (1) + (2) $= v_1 + m_1 + c_2 + m_2 = c_2 + c_3 + v_1 + v_3$ soit après simplification : $m_1 + m_2 = c_3 + v_3$, créées dans les diverses branches de production, de sorte que si le taux de profit dépend des branches I et II, il n'est pas pour autant indépendant de la branche III. Ainsi d'un point de vue mathématique le système de reproduction simple de L. von BORTKIEWICZ (de trois équations) comporte seulement deux équations fondamentales. La troisième est une combinaison des deux premières. L'une des trois équations est redondante et inutile pour définir les variables, notamment les coefficients de transformation et le taux de rentabilité [7].

2. Une modification de la répartition du capital entre les branches n'a aucune incidence sur la grandeur du taux de profit. Par définition sa grandeur est donc indépendante des montants des capitaux engagés dans chaque branche et n'a pas la généralité qu'on lui attribue.

7.4. La construction de nos exemples numériques

Nos exemples numériques sont construits à partir des chiffres donnés par MARX dans le livre III du *Capital*[8] et que nous reproduisons ci-dessous, mais auxquels nous apportons quelques modifications.

1. Inversion des sections II et IV.
2. Passage de la notion de section à celle de branche
3. Répartition du capital circulant en énergie et matières premières
4. Incorporation du capital fixe

Inversion des sections II et IV.

Cet exemple numérique est construit à partir des chiffres donnés par MARX dans le livre III du *Capital*[9] et que nous reproduisons ci-dessous, après avoir interverti les sections II et IV. Cette opération n'a aucune incidence théorique ou pratique dans la mesure où les solutions d'un système d'équations ne dépendent pas de l'ordre des équations mais facilite

c'est-à-dire l'équation (3).

7. Toutefois penser que le taux de rentabilité est indépendant de la troisième branche serait une erreur car dans un système de reproduction simple et du fait de l'inter-dépendance des équations, le taux de rentabilité n'est pas indépendant de la branche III. En effet tout changement de celle-ci se traduit par un changement au niveau des deux premières équations et donc du taux de rentabilité. Inversement un changement de la troisième équation reflète un changement des compositions organiques de l'une au moins des deux premières équations. [40]

8. *Capital,* E.S., Livre III, tome 3, chapitre IX, p. 173

9. *Capital,* E.S., Livre III, tome 3, chapitre IX, p. 173

les calculs du fait d'un meilleur équilibre des compositions organiques des branches.

Section	Capital avancé (1)	Taux exploitation (2)	S (3)	π (4)	Capital constant consommé (5)	W (6)	Coûts (7)
I	80c + 20v	100%	20	20%	50	90	70
II (ex-IV)	85c + 15v	100%	15	15%	40	70	55
III	60c + 40v	100%	40	40%	51	131	91
IV(ex-II)	70c + 30v	100%	30	30%	51	111	81
V	95c + 5v	100%	5	5%	10	20	15
Total	390c + 100v	100%	110	22%			
Moyenne	78c + 22v		22	22%			

Passage de la notion de section à celle de branche

Dans cet exemple nous considérons cinq branches définies par la nature de la marchandise qu'elles produisent.

1. la première produit des moyens de production (les machines), la production courante permet le remplacement des machines usées (croissance zéro) et éventuellement une accumulation (reproduction élargie).
2. la seconde fournit de l'énergie (charbon, pétrole ou électricité), la production de ce type de marchandises n'a pas vocation à être stockée, nous supposerons donc que sa grandeur couvre juste les besoins courants de la période.
3. la troisième, les matières premières, même remarque que pour l'énergie.
4. la quatrième des biens de consommation courante consommés par les travailleurs productifs, la classe dominante (les capitalistes, rentiers) et les classes improductives (personnel de service, fonctionnaires, militaires, etc.).
5. la cinquième fournit des biens de luxe consommés par la classe des capitalistes, la production de luxe peut être nulle si les capitalistes optent pour une accumulation maximale au détriment de leur propre consommation en bien de luxe (système d'accumulation optimale). Inversement ils peuvent optimiser la consommation de produits de luxe au détriment de la croissance, nous admettrons néanmoins qu'il existe un seuil où l'accumulation est nulle et où

la production d'immobilisations est juste suffisante pour le remplacement des immobilisations rebutées (reproduction simple). En dessous de ce seuil, à terme, l'économie n'est pas viable. Ces deux cas extrêmes seront analysés.

TABLE 7.3. – Correspondances entre les sections et les branches

Section	Capital avancé	Branche
I	80c + 20v	Moyens de production
II	85c + 15v	Énergie
III	60c + 40v	Matières premières
IV	70c + 30v	Biens de consommation
V	95c + 5v	Biens de luxe

Nous considérons une formation sociale constituée de différentes classes sociales : la classe des producteurs directs non-propriétaires des moyens de production ; la classe des capitalistes, propriétaires des moyens de production et qui s'approprient la plus-value dégagée lors du cycle du capital productif ; les classes improductives (personnel de service, fonctionnaires, militaires, etc.).

Répartition du capital circulant en énergie et matières premières

Le capital circulant a été réparti arbitrairement en énergie (1/3 du total du capital circulant) et matières premières (les 2/3 du total du capital circulant).

Sous ces hypothèses la ventilation du capital constant entre capital fixe et capital circulant est la suivante :

Section	Capital avancé (1)	Taux exploitation (2)	S (3)	π (4)	Capital constant consommé (5)	W (6)	Coûts (7)
I	80c + 20v	100%	20	20%	50	90	70
II (ex-IV)	85c + 15v	100%	15	15%	40	70	55
III	60c + 40v	100%	40	40%	51	131	91
IV(ex-II)	70c + 30v	100%	30	30%	51	111	81
V	95c + 5v	100%	5	5%	10	20	15
Total	390c + 100v	100%	110	22%			
Moyenne	78c + 22v		22	22%			

Incorporation du capital fixe

Les montants du capital fixe et du capital circulant ont été calculés de façon à maintenir les hypothèses du tableau initial concernant les grandeurs du capital avancé (colonne 1), du capital constant consommé (colonne 5) et des coûts de production (colonne 7). [10]

Nous nous proposons de calculer les *prix de production de marché* par la méthode itérative qui a été présentée dans les chapitres précédents.

Définition des coefficients de production

Toutes ces considérations nous conduisent au tableau des coefficients de production, lesquels sont calculés pour un montant de capital avancé égal à 100 dans chaque branche :

Branche	Capital					
	Constant Total	Fixe	Circulant	Énergie 1/3	Mat. Prem. 2/3	Capital consommé
I	80	33.333	46.667	15.56	31.11	50
II	85	50.00	35.00	11.67	23.33	40
III	60	10.00	50.00	16.67	33.33	51
IV	70	21.11	48.89	16.30	32.59	51
V	95	94.44	0.50	0.19	0.37	10

-

10. Nous avons arbitrairement admis que le capital constant fixe est amorti sur dix ans et capital circulant de la façon suivante :

Pour chacune des branches il faut résoudre le système suivant :

Première branche : $F_1 + C_1 = 80$ et $F_1/10 + C_1 = 50$ d'où $F_1 = 33.33$, $d_1 = 3.33$ et $C_1 = 46.66$

Deuxième branche : $F_2 + C_2 = 85$ et $F_2/10 + C_2 = 40$ d'où $F_2 = 50$ $d_2 = 5$ et $C_2 = 35$

Troisième branche : $F_3 + C_3 = 60$ et $F_3/10 + C_3 = 51$ d'où $F_3 = 10$, $d_3 = 1$ et $C_3 = 50$

Quatrième branche : $F_4 + C_4 = 70$ et $F_4/10 + C_4 = 51$ d'où $F_4 = 21.11$, $d_4 = 2.11$ et $C_4 = 48.89$

Cinquième branche :$F_5 + C_5 = 95$ et $F_5/10 + C_5 = 10$ d'où $F_5 = 0.55 = 5/9$, $d_5 = 0.05 = 5/90$ et $C_5 = 94.44 = 850/9$

Le montant du capital total engagé est maintenant égal à $\Sigma F_i + \Sigma C_i + \Sigma V_i = (33.33+50+10+21.11+0.55)+(46.66++35+50+48.89+94.44)+(20+15+40+30+5) = 449.98$. Ce total ne sera pas conservé par la suite et nous le poserons égal à 1.000.

7.5. Présentation de notre démarche dans les prochains chapitres

Dans les quatre prochains chapitres nous présentons successivement des modèles avec deux, trois, quatre et finalement cinq branches.

Les deux premiers représentent des économies qui utilisent des moyens de production dont la durée de vie est supérieure à un an et financés par du capital fixe mais qui ne sont pas produits localement , il n'y a donc pas dans ces deux premiers cas de branche qui produit des moyens de production.

Les deux chapitres suivants présentent des modèles plus complets avec une branche qui produit des moyens de production (machines).

Chacun de ces modèles est accompagné d'une réflexion sur une ou plusieurs questions théoriques : la méthode de résolution des systèmes surdéterminés et un commentaire sur les méthodes itératives pour le premier ; une réflexion sur la méthode de von Neumann comme seule solution possible au problème de la transformation dans le second ; nous commentons un système de reproduction optimale dans le troisième chapitre et enfin dans le quatrième chapitre nous discutons le corollaire de Bortkiewicz, selon lequel le taux de profit est déterminé que par les branches dites fondamentales ; finalement dans le chapitre suivant nous montrons que le taux d'accumulation n'est pas toujours égal au taux de profit et il existe en réalité un arbitrage entre le niveau d'accumulation et le niveau de consommation de biens de luxe.

Exemple numérique avec seulement deux branches

Modèle on ne peut plus simple, ne sont retenues que deux branches : la première fournit les matières premières (la branche III) et la seconde produit les biens de consommation courante.

Bien que cette économie utilise des moyens de production ceux-ci ne sont pas produits localement et nous supposerons qu'ils sont importés ou encore loués.

Dans ce chapitre introductif nous insistons sur deux éléments : les aspects mathématiques de notre approche avec une présentation pédagogique de la méthode de Moore-Penrose et l'élaboration d'une nouvelle méthode itérative.

Le premier exemple nous fournira l'opportunité de présenter une nouvelle méthode itérative dans laquelle les prix et les quantités sont déterminés alternativement alors que les modèles présentés jusqu'alors (Brody, Morishima et Shaikh) l'approche était duale, les prix de la période courante étaient déterminés selon une démarche itérative à partir des prix des périodes précédentes et les quantités à partir des quantités des périodes précédentes.

Exemple numérique avec trois branches

Le deuxième exemple nous permettra de généraliser la solution particulière de MORISHIMA, dite régime de croissance de von NEUMANN, dans le cadre d'une économie avec capital fixe formée de trois branches. Nous réfutons le chemin de croissance optimal selon lequel la transformation n'est possible que si toute la plus-value est accumulée (pas de consommation de biens de luxe), si tous les secteurs croissent à un taux optimal et si les taux de surplus sont identiques dans les branches. Nous mettons en évidence toutes les solutions mathématiquement possibles (elles appartiennent à une droite de l'espace à trois dimensions) et commentons la signification économique de celles-ci.

Dans ce chapitre nous montrons que la transformation est possible dans d'autres cas que le régime de croissance dit de von NEUMANN, exceptionnel et peu probable.

Exemple numérique avec quatre et cinq branches

Les troisième et quatrième exemples sont complémentaires. À partir de maintenant noud admettrons que les moyens de production (les machines) sont produits par le système économique considéré qui devient totalement autonome.

Nous admettons que les branches qui produisent les matières premières fournissent uniquement les quantités nécessaires pour satisfaire les besoins de la période (production sans surplus). Nous examinons ensuite tous les cas mathématiquement possibles entre deux cas extrêmes, dans le premier les capitalistes remplacent seulement les immobilisations rebutées et consomment toute la plus-value excédentaire (reproduction simple) et dans le deuxième cas ils accumulent toute la plus-value et ne consomment pas de biens de luxe (reproduction élargie optimale).

Dans ce chapitre nous ajoutons la branche des biens de luxe à notre modèle. Nous définition une infinité de solutions comprises entre deux points clairement identifiées : une accumulation optimale ou une consommation optimale des biens de luxe par les classes dominantes. Nous montrerons qu'entre ces deux extrêmes il existe une infinité de cas intermédiaires pour lesquels la transformation des valeurs en prix de production est possible. Dans le chapitre 11 nous discutons le corollaire de BORTKIEWICZ, selon lequel le taux de profit n'est déterminé que par les branches dites fondamentales et nous soulignons le rôle de la branche qui produit les biens de luxe dans la détermination du taux de profit.

Deuxième partie

La refondation de l'expression monétaire de la valeur du travail humain

8. Une nouvelle méthode itérative

Dans les chapitres précédents nous avons présenté les principales caractéristiques de la méthode mathématique de résolution des systèmes surdéterminés de MOORE et PENROSE et nous avons exposé les grandes lignes de la construction des exemples numériques qui vont être développés dans les prochains chapitres de cet ouvrage. Nous vous proposons d'appliquer cette méthode à un exemple numérique qui est celui du modèle d'une économie formée de deux branches, qui utilisent des machines financées par du capital fixe et dans laquelle il existe aucune barrière aux mouvements des capitaux entre les branches. Nous raisonnons sur cet exemple numérique simple dans un but pédagogique afin de permettre au lecteur de s'imprégner de la méthode de résolution des systèmes surdéterminés qui est peu utilisée en économie politique [1]. Des exemples plus complets avec un nombre plus important de branches seront exposés dans les trois prochains chapitres.

Nous associons à cet exposé la présentation d'un processus itératif qui combine la détermination des prix de production à partir des valeurs et à partir de la répartition du capital entre les deux branches dans le cadre d'un système qui finance avec du capital fixe les moyens de production utilisés tels que les machines, les bâtiments, etc. mais ne les produit pas. Pour fixer les idées nous dirons qu'ils sont importés. Cette hypothèse évidemment sera abandonnée ultérieurement.

8.1. Survol des principales méthodes itératives

Nous évoquons dans un premier paragraphe les principales méthodes itératives dont nous avons connaissance.

La première méthode itérative que nous souhaitons évoquer est celle qui a été proposée dès 1977 par différents auteurs dont ANWAR SHAIKH,

1. Nos avons toutefois trouver un ouvrage récent de Li qui contredit cette opinion : Li, Bangxi, Linear Theory of Fixed Capital and China's Economy : Marx, Sraffa and Okishio (Spinger, 2017).[33].

MORISHIMA et CATEPHORES. Celle-ci consiste à dire que les prix de production peuvent être obtenus comme la limite d'un processus d'itération qui part des valeurs vers les prix. Selon A. SHAIKH *«La procédure d'itération, dont la transformation de* MARX *constitue la première étape, va converger vers les prix de production "corrects"»* (SHAIKH[58], 97).

MORISHIMA propose un algorithme de transformation dans un modèle à capital circulant. Pour cet auteur ([44], p. 181 et [45]) la procédure de MARX de transformation des valeurs en prix de production dans le Volume III du *Capital* n'est pas fausse mais incomplète et il propose, tout comme SHAIKH, que celle-ci soit interprétée comme la première étape d'un processus de MARKOV visant à résoudre un problème d'équations simultanées. Plus tard, en association avec CATEPHORES, il reformula un traitement analogue 1978 (M&C 1978 : 160-166) et montra que MARX en réalité n'a pas commis l'erreur qui lui est reprochée consistant à ne pas *«transformer»* les consommations intermédiaires (les inputs). Ils pensent pouvoir résumer la pensée de MARX par un processus itératif qu'il formalise par l'équation suivante :

$$p_{t+1} = (1 + r)Ap_t$$

où p est le prix de production, c le capital circulant, v le capital variable, et r le taux de profit. Les prix de production d'une période sont obtenus à partir de ceux de la période précédente et du taux de rentabilité et il conviendrait d'amorcer le processus itératif en démarrant avec les valeurs ($p_0 = V$).

MORISHIMA ([44]) démontra que dans un modèle de capital circulant le processus converge vers la solution du système dont la forme générale est AX = λX, forme de PERRON FROBENIUS et dont les solutions sont données grâce aux valeurs et vecteurs propres de la matrice A. Aussi, cette procédure itérative nous semble simplement être d'une méthode alternative à la méthode standard de résolution des modèles homogènes des prix de production et du taux de profit construits sur des données physiques. Par ailleurs il convient de remarquer que la convergence vers la solution « correcte » ne dépend pas de la valeur initiale mais s'effectue à partir de tout prix arbitraire pris comme point de départ, ce qui indique que la valeur créée par le travail humain n'a pas de signification particulière dans la détermination de ces prix et de ce taux de profit. Notons enfin que ce calcul porte sur un système économique modifié dans lequel les biens de luxe ont été éliminés, où seuls les produits dits fondamentaux[2] selon la terminologie de SRAFFA ont été retenus et où il

2. c'est-à-dire les marchandises qui entrent dans la production d'autres marchan-

n'existe pas de capital fixe (les bâtiments et les machines), seul le capital circulant (les matières premières) est pris en considération.

Ces auteurs passent ensuite à un calcul des productions des branches, évaluées par des quantités physiques, à partir d'un système dual du premier et de la forme $BY = \mu Y$, forme de PERRON FROBENIUS duale de la précédente. La difficulté est résolue en combinant les diverses branches dans des proportions permettant d'homogénéiser les *taux de surplus*, injustement (selon nous) qualifiés de *taux de croissance*. Ces derniers étant calculés à partir de la valeur propre dominante de la matrice B (qui est identique à la valeur propre dominante de la matrice A car B est l'inverse de la matrice A, $B = A^{-1}$).

De son côté BRODY (1970, p. 90) propose la procédure suivante pour améliorer la méthode de calcul des prix. Simplement en répétant la procédure qui, à partir des valeurs, conduits à des prix de production corrects, transformant des prix de production approximatifs en des prix plus précis, et en renouvellant le processus autant de fois que nécessaire afin d'obtenir un vecteur des prix avec la précision souhaitée. Cette procédure itérative peut être formulée de la façon suivante[3] :

$$p_{t+1} = p_t A + \frac{p_t(I - A)X}{p_t BX} P_t B$$

et après suffisamment de pas et avec la précision recherchée, $P_n = P_{n+1} = P$, alors évidemment :

$$p = pA + rpB$$

et nous avons obtenu la solution de notre système de prix.

Ces approches de BRODY, de CATEPHORES, de MORISHIMA et de SHAIKH ont toutes en commun le fait que les prix de la période courante dépendent des prix de la période précédente, indépendamment des quantités produites, ce que nous pouvons caractériser par une formulation du type $P_{(t+1)} = f(P_t)$.

dises.

3. Dans cette notation A est la matrice des consommations intermédiaires y compris les dotations aux amortissements et B est la matrice des stocks de capital.

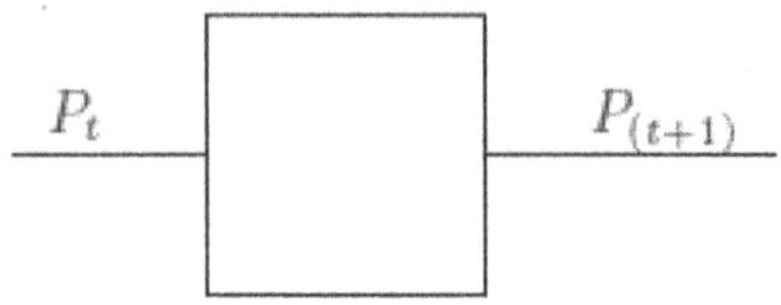

TABLE 8.1. –

et par ailleurs les productions de la période courante (notée $Y_{(t+1)}$) dépendent des productions de la période précédente, indépendamment des prix, $Y_{(t+1)} = f(Y_t)$.

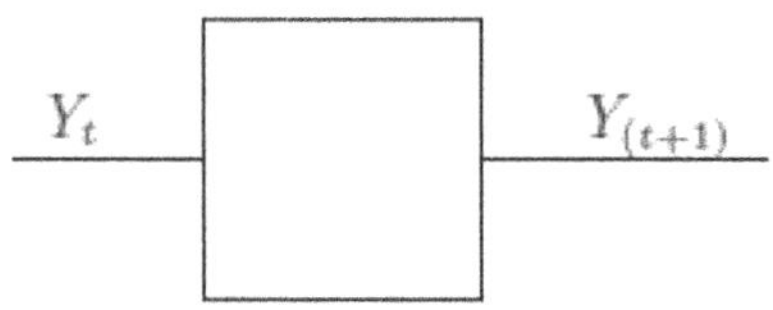

TABLE 8.2. –

Alors que nous pensons que la procédure correcte les vecteur des prix et des volumes de t+1 sont alternativement déduits à partir des grandeurs de l'année précédente par le cumul d'un processus de transformation des prix en prix et des transferts de capitaux vers les activités les plus rentables, lesquels modifient la structure du capital K en une nouvelle structure K_{t+1} . Ce qui peut être schématisé ainsi :

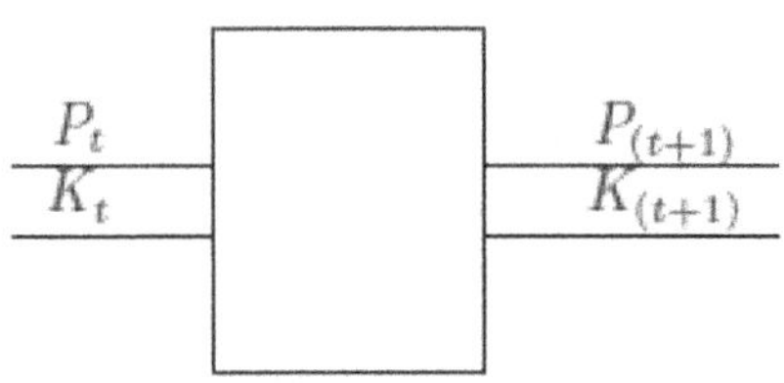

TABLE 8.3. –

BRODY[4], CATEPHORES, MORISHIMA et SHAIKH créent un processus

4. Toutefois A. BRODY note un peu plus loin dans le même texte : *"Certes, l'algorithme le plus intéressant serait celui qui améliorerait alternativement les vecteurs propres gauche et droit. Cette procédure, qui s'inscrirait dans la conception originelle de* SMITH-RICARDO-MARX *d'égaliser les taux de profit et de réguler en même temps la structure de la production, nous éloignerait trop de la question principale que nous souhitons traiter ici"* (traduit par nos soins)."Certaintly the most interesting algorithm would be one alternatively improving the left and the right-hand eigenvectors. This procedure along the lines of the original SMITH-RICARDO-MARX conception of equalizing rates of profit and regulating output proportions at the same time leads

itératif permettant de déduire les prix de production des valeurs initiales dans le cadre d'un système à capital circulant. SHAIKH [58] applique ce processus itératif et maintient constante la plus-value et le capital variable à chaque étape de l'itération mais n'arrive pas à dépasser la contradiction : les deux contraintes de ne sont pas vérifiées simultanément. Faute d'un traitement correct du capital fixe et d'une prise en considération des mouvements des capitaux entre les branches, ces auteurs semblent ne pas avoir pu faire aboutir leurs recherches.

8.2. Le système régulier avec capital fixe

Notre système régulier est fondé sur les hypothèses suivantes :

1. Le capital constant et le capital variable sont des masses de moyens financiers qui permettent aux capitalistes d'acquérir les moyens de production. Ils sont donc quantifiés par des quantités d'équivalent général : la monnaie qui prévaut dans la zone géographique considérée, par exemple l'euro en Europe (et pas en heures de travail ou en quantités physiques). La transformation traite des *modifications quantitatives* des grandeurs qui caractérisent les productions des branches.
2. La valeur d'une marchandise est constituée de deux éléments : la valeur transmise des périodes antérieures et la valeur additionnelle créée lors de la période de production analysée, communément appelée valeur ajoutée nette [5]. Le premier élément vient du capital fixe dont l'immobilisation dure plusieurs exercices. Les modalités de transfert de sa valeur reposent sur la notion de récupération des fonds avancés pour acquérir bâtiments, machines et autres outils de production dont l'usage dure plusieurs exercices [6].
3. Les systèmes d'équations simultanées *avec seconds membres* constituent le nouveau cadre d'analyse qui permet d'établir des grandeurs absolues.
4. Le taux de profit est déterminé par la théorie de l'exploitation et dépend de trois facteurs : les compositions organiques des branches,

us too far from our main question here" (op. cité, p. 91).

5. Pour faire court : valeur ajoutée brute = production totale - consommations en provenance des tiers (hors amortissements) et valeur additionnelle = valeur ajoutée - valeur transmise des périodes antérieures.

6. Au sens de la récupération d'un capital et non d'un amortissement comptable ou fiscal des immobilisations correspondantes inscrites au bilan de cette entité.

le taux d'exploitation et la répartition du travail social entre les branches [7]

5. La grandeur de la production totale d'une économie évaluée en valeur est égale à ce même agrégat exprimé en prix de production de marché et la somme des plus-values de toutes les branches égale la somme des profits.
6. Nous prenons en considération le temps et nous articulons diachronie et synchronie dans une conception basée sur la théorie du cycle de mutation du capital.

Le modèle analytique

Le modèle à capital fixe part de l'idée que l'hétérogénéité des moyens de production et des matières premières, les intrants, composant les diverses sortes de capital empêche qu'on les évalue en quantités physiques et que seules les expressions monétaires des quantités de travail socialement nécessaires les rendent homogènes. Ce n'est donc pas une quantité d'heures de travail qui est transformée en monnaie ; ce qui est transformée c'est une quantité d'équivalent monétaire qui représente une certaine quantité de travail en une autre grandeur d'équivalent monétaire une fois intégrée l'exigence d'une rémunération égale des capitaux.

L'introduction de l'hypothèse de déplacements de capitaux entre les branches (conforme aux affirmations des classiques et de MARX) permet d'infirmer la tentative de réfutation par les néo-ricardiens, [29].

En distinguant le capital constant fixe avancé, f_i, la part du capital constant avancé qui revient au capitaliste en fin de période, $d_i = f_i/n$, le capital constant circulant c_i, les coefficients de transformation x_i et le volume du capital engagé K_i, pour la branche i nous pouvons écrire :

$$K_i(d_i + c_i x_1 + v_i x_2) + rK_i(f_i + c_i x_1 + v_i x_2) \\ = x_i K_i w_i$$

Il est primordial de remarquer que dans cette équation le coefficient d_i n'est pas transformé. Cela s'explique aisément. Le capitaliste qui a acheté une machine 100 000€ dont la durée de vie est estimée à 10 ans recouvre chaque année 10 000 € en *récupération de son avance en capital,* indépendamment de la dévalorisation économique, linéaire ou dégressive de la machine constatée à l'actif de son bilan ou de la perte de valeur sur

7. Celle-ci influe bien évidemment sur la valeur de la composition organique sociale qui est définie comme la moyenne des compositions organiques de chaque branche, pondérée par la proportion de travail social dont dispose chaque branche par rapport à la quantité totale de travail disponible dans le système économique considéré.

le marché si celle-ci devait être cédée[8]. Il va donc imputer chaque année, en application des règles comptables et fiscales de son pays, dans le prix de revient de chaque marchandise une quote-part d'amortissement égale à d_i.

Une autre erreur consisterait à éliminer K_i à droite et à gauche de l'équation. Ceci ne peut pas être envisagé car le taux de profit dépend de la répartition du capital entre toutes les branches, comme le montre la formule suivante :

$$r = \frac{\sum K_i s_i}{\sum K_i(f_i + c_i + v_i)}$$

et qu'en conséquence, la grandeur des prix de production de marché, contrairement au prix de production, varie avec la répartition du capital entre les branches. Ceux-ci sont déterminés à l'aide des systèmes analytiques suivants.

Premier sous-système

Nous savons que les prix de production de marché sont égaux aux coûts de production (y compris la récupération progressive du capital engagé) augmentés de la quote-part de plus-value sociale à laquelle les capitalistes d'une branche peuvent prétendre en raison de la masse de capital qu'ils ont engagé dans le système productif. Dans un système de deux branches, nous avons :

$$\begin{array}{ccccccccccccc} D_1 & + & C_1x_1 & + & V_1x_2 & + & r(F_1 & + & C_1x_1 & + & V_1x_2) = W_1x_1 \\ D_2 & + & C_2x_1 & + & V_2x_2 & + & r(F_2 & + & C_2x_1 & + & V_2x_2) = W_2x_2 \end{array}$$

En séparant les variables sur la partie gauche de l'équation et les paramètres sur la partie droite, nous obtenons le modèle analytique de détermination des prix à partir des valeurs :

$$\begin{array}{ccccc} (C_1t - W_1)x_1 & + & V_1tx_2 & = & -rF_1 - D_1 \\ C_2tx_1 & + & (V_2t - W_2)x_2 & = & -rF_2 - D_2 \end{array}$$

Expression dans laquelle r et t ($t = r + 1$) sont des paramètres. Si l'on tient compte des montants des capitaux engagés dans les deux branches, nous pouvons écrire ($C_1 = K_1c_1$, etc.) :

8. Il convient de distinguer clairement la *"récupération du capital"* de l'amortissement comptable de l'immobilisation (ici la machine) achetée avec ces moyens de financement, ce dernier peut être linéaire ou dégressif.

$$\begin{array}{lclcl} K_1(c_1t - w_1)x_1 & + & K_1v_1tx_2 & = & -rK_1f_1 - K_1d_1 \\ K_2c_2tx_1 & + & K_2(v_2t - w_2)x_2 & = & -rK_2f_2 - K_2d_2 \end{array}$$

$$\begin{bmatrix} K_1(c_1t - w_1) & K_1v_1t \\ K_2ct & K_2(v_2t - w_2) \end{bmatrix} \begin{bmatrix} x_1 \\ x_2 \end{bmatrix} = \begin{bmatrix} -K_1(f_1r + d_1) \\ -K_2(f_2r + d_2) \end{bmatrix}$$

$$\begin{bmatrix} K_1 & 0 \\ 0 & K_2 \end{bmatrix} \begin{bmatrix} (c_1t - w_1) & v_1t \\ ct & (v_2t - w_2) \end{bmatrix} \begin{bmatrix} x_1 \\ x_2 \end{bmatrix}$$
$$= \begin{bmatrix} K_1 & 0 \\ 0 & K_2 \end{bmatrix} \begin{bmatrix} -(f_1r + d_1) \\ -(f_2r + d_2) \end{bmatrix}$$

La dernière étape consiste à utiliser les coefficients a_{ij} définis pour une unité de capital total engagé (capital fixe en début de période, plus le capital circulant plus le capital variable) :

Symbole	f_i	d_i	c_i	v_i	s_i	w_i
Coefficient	a_{i0}	a_{i1}	a_{i2}	a_{i3}	a_{i4}	a_{i5}

D'où finalement :

$$\begin{bmatrix} K_1(a_{12}t - a_{15}) & K_1a_{13}t \\ K_2a_{22}t & K_2(a_{23}t - a_{25}) \end{bmatrix} \begin{bmatrix} x_1 \\ x_2 \end{bmatrix} = \begin{bmatrix} -K_1(a_{10}r + a_{11}) \\ -K_2(a_{20}r - a_{21}) \end{bmatrix}$$

Nous obtenons ainsi le premier sous-système dont la forme générale est $K^TAX = K^TB$. Mais il nous faut maintenant tenir compte des deux égalités dites fondamentales.

Deuxième sous-sytème

Le deuxième sous-système est formé des deux égalités dites fondamentales.

1. La grandeur de la production totale de l'économie formée de deux branches et évaluée en prix de production de marché est égale à ce même agrégat exprimé en valeur.

$$K_1a_{15}x_1 + K_2a_{25}x_2 = K_1a_{15} + K_2a_{25}$$

Ce passage a été transféré au chapitre 6, simplifier l'exposé.

2. La somme des rentabilités de toutes les branches égale la somme des plus-values.

Ce point étant plus délicat nous le développons pas à pas. Appliqué aux deux branches nous avons :

$$K_1(a_{15}x_1 - a_{11} - a_{12}x_1 - a_{13}x_2)$$
$$+K_2(a_{25}x_2 - a_{21} - a_{22}x_1 - a_{23}x_2)$$
$$= K_1a_{14} + K_2a_{24}$$

ou (système développé)

$$K_1a_{15}x_1 - K_1a_{11} - K_1a_{12}x_1 - K_1a_{13}x_2$$
$$+K_2a_{25}x_2 - K_2a_{21} - K_2a_{22}x_1 - K_2a_{23}x_2$$
$$= K_1a_{14} + K_2a_{24}$$

ou (système ordonné mais non regroupé)

$$K_1a_{15}x_1 - K_1a_{12}x_1 - K_2a_{22}x_1 + K_2a_{25}x_2 - K_1a_{13}x_2 - K_2a_{23}x_2$$

$$= K_1a_{11} + K_1a_{14} + K_2a_{21} + K_2a_{24}$$

Modèle analytique (système regroupé). Les inconnues (à gauche de l'équation) sont séparées des paramètres (à droite).

$$(K_1a_{15} - K_1a_{12} - K_2a_{22})x_1 + (K_2a_{25} - K_1a_{13} - K_2a_{23})x_2$$

$$= K_1(a_{11} + a_{14}) + K_2(a_{21} + a_{24})$$

Ce qui revient à dire que la somme des capacités d'autofinancement (plus-value + montant du capital avancé récupéré sous la forme d'amortissement) est égal à la somme des marges sur les coûts salariaux et les coûts des matières premières et auxiliaires

Le deuxième sous modèle analytique.

$$\begin{bmatrix} K_1a_{15} & K_2a_{25} \\ K_1(a_{15} - a_{12}) - K_2a_{22} & K_2a_{25} - K_1a_{13} - K_2a_{23} \end{bmatrix} \begin{bmatrix} x_1 \\ x_2 \end{bmatrix}$$

$$= \begin{bmatrix} K_1a_{15} + K_2a_{25} \\ K_1(a_{14} + a_{11}) + K_2(a_{24} + a_{21}) \end{bmatrix}$$

Le modèle analytique complet

Dans sa forme la plus générale et pour une économie formée de deux branches, le système complet est composé de quatre équations pour trois inconnues et deux paramètres (K_1 et K_2) dont la forme condensée est $AX = B$, dans laquelle les termes A, X et B sont les suivants :.

$$\begin{bmatrix} K_1a_{12}t - K_1a_{15} & K_1a_{13}t \\ K_2a_{22}t & K_2a_{23}t - K_2a_{25} \\ K_1a_{15} & K_2a_{25} \\ K_1(a_{15} - a_{12}) - K_2a_{22} & K_2a_{25} - K_1a_{13} - K_2a_{23} \end{bmatrix} \begin{bmatrix} x_1 \\ x_2 \end{bmatrix}$$

$$= \begin{bmatrix} -rK_1a_{10} - K_1a_{10}/n \\ -rK_2a_{20} - K_2a_{20}/n \\ K_1a_{15} + K_2a_{25} \\ K_1(a_{14} + a_{11}) + K_2(a_{24} + a_{21}) \end{bmatrix}$$

La meilleure solution au sens des moindre carrés

Comme nous l'avons déjà évoqué la solution d'un tel système au sens des moindres carrés est $X^* \approx A^\dagger B$, sachant que $A^\dagger = (A^TA)^{-1}A^T$ est le pseudo inverse de MOORE-PENROSE .

Il peut sembler que les termes K_i peuvent être éliminés sur certaines lignes de ce système d'équations. Ceci constituerait une faute car dans le cadre des analyses de MOORE-PENROSE l'objectif est de minimiser des écarts absolus. En conséquence s'il est vrai que l'on peut multiplier ou diviser les deux membres d'une équation par un même nombre sans perturber l'égalité entre les deux membres, nous comprenons aussi que si ce nombre est différent de 1 ou -1, les différences (en valeur absolue) entre les deux membres du système d'équations ($AX - B$) vont être modifiées. Par conséquent nous nous abstiendrons de multiplier ou diviser les deux membres d'une équation du système analysé avant de le mettre sous forme matricielle.

Ceci constitue la première étape de notre procédure itérative : le calcul des coefficients de transformation (x_1 et x_2). Dans la deuxième étape, nous utilisons ces coefficients pour établir les grandeurs des transactions de chaque branche en prix de production (les ventes et les coûts de production) et les profits de chaque branche (profit = chiffres d'affaires moins coûts de production). Ces calculs conduisent généralement à des taux de profit différents dans les branches. Il s'agit d'une situation instable, le déséquilibre va être atténuée par des déplacements de capitaux vers les activités les plus rentables et établir une nouvelle répartition du capital entre les branches.

La procédure est maintenant répétée. Cette nouvelle répartition du capital induit une nouvelle détermination des coefficients de transformation, etc. La procédure itérative est jugés poursuivie jusqu'à ce que les écarts constatés sur les taux de rentabilité des branches soient négligeables.

8.3. La nouvelle méthode itérative

Dans l'introduction de cet ouvrage nous avons présenté les grande lignes de notre mode opératoire. Rappelons les différentes étapes :

1. Dans l'hypothèse d'une transformation totale, les prix de production sont calculés à partir des valeurs par la méthode de MOORE-PENROSE grâce à un système complet qui cumule les deux équations de production et les deux conditions pour une répartition quelconque du capital, K_0 (par exemple le capital dans chaque branche est posé égal à 100 unités).[9]
2. Les prix ainsi obtenus K_t sont considérés comme les prix pratiqués dans l'économie réelle et sont utilisés pour calculer les taux de rentabilité des branches, r_t.
3. Si les taux de rentabilité des branches calculés précédemment sont différents, une fraction du capital est transférée du fait de la concurrence des capitaux vers les activités les plus rentables et la répartition du capital en est modifiée. La nouvelle répartition est notée K_t.
4. Les prix, les taux de rentabilité et les structures du capital sont recalculés selon cette procédure à chaque pas de l'itération.
5. L'itération est poursuivie jusqu'à ce que les écarts de rentabilité entre les branches sont négligeables ce qui met un terme aux mouvements de capitaux.
   Nous constaterons alors que la méthode directe de calcul des prix à partir des valeurs selon la méthode de devient pertinente.

Première étape

Dans la première étape les n prix sont recalculés par la méthode de MOORE-PENROSE à l'aide du système complet de n+2 équations pour

9. Première étape d'un processus itératif selon MORISHIMA ou SHAIKH.

une répartition quelconque du capital (par exemple chaque branche possède un capital total égal à 100 unités).

Dans sa forme la plus générale et pour une économie formée de deux branches, le système complet est composé de quatre équations pour trois inconnues et deux paramètres (K_1 et K_2) dont la forme condensée est $AX = B$, dans laquelle les termes A, X et B sont les suivants :.

$$A = \begin{bmatrix} K_1 a_{12} t - K_1 a_{15} & K_1 a_{13} t \\ K_2 a_{22} t & K_2 a_{23} t - K_2 a_{25} \\ K_1 a_{15} & K_2 a_{25} \\ K_1(a_{15} - a_{12}) - K_2 a_{22} & K_2 a_{25} - K_1 a_{13} - K_2 a_{23} \end{bmatrix} \begin{bmatrix} x_1 \\ x_2 \end{bmatrix}$$

$$B = \begin{bmatrix} -rK_1 a_{10} - K_1 a_{10}/n \\ -rK_2 a_{20} - K_2 a_{20}/n \\ K_1 a_{15} + K_2 a_{25} \\ K_1(a_{14} + a_{11}) + K_2(a_{24} + a_{21}) \end{bmatrix}$$

$$X = \begin{bmatrix} x_1 \\ x_2 \end{bmatrix}$$

La solution d'un tel système au sens des moindres carrés est $X_1 = A^{\dagger} B_1$, sachant que $A^{\dagger}$ est le pseudo inverse de MOORE-PENROSE et que sa grandeur est $A^{\dagger} = (A^T A)^{-1} A^T$.

Les prix ainsi obtenus sont considérés comme les prix pratiqués dans l'économie réelle et sont utilisés pour calculer les taux de rentabilité des branches, selon la formule :

$$r_{i,1} = \frac{x_{i,1} K_{i1i} w_{i,1} - K_{i1}(d_{i1} + c_{i1} x_{11} + v_{i1} x_{21})}{K_{i1}(f_{i1} + c_{i1} x_{11} + v_{i1} x_{21})}$$

Nous utilisons ces coefficients pour établir les transactions de chaque branche en prix de production (les ventes et les coûts de production) et les profits de chaque branche (profit = chiffres d'affaires moins coûts de production). Ces calculs conduisent généralement à des taux de profit différents dans les branches. Il s'agit d'une situation de déséquilibre.

Deuxième étape

La concurrence des capitaux se manifeste par un transfert de capitaux vers les activités qui sont les plus rentables. Si les taux de rentabilité calculés précédemment sont différents, une fraction du capital est transférée vers les activités dont les rentabilités sont les plus élevées et la répartition du capital en est modifiée. Par exemple une partie du capital de la branche II va être transféré vers la branche I. Il s'en suit une nouvelle répartition du capital notée K_2. Par ailleurs du fait de l'établissement d'une nouvelle structure du capital, le taux de profit (rapport des plus-values sur le total du capital avancé) et généralement différent du taux de rentabilité moyen, et le second membre de l'équation de base (B_2) se trouvent modifiés.

Troisième étape

Les prix sont recalculés sur ces nouvelles hypothèses, $X_2 = A^{\dagger}B_2$ et les taux de rentabilité sont donnés par la formule suivante :

$$r_{i,2} = \frac{x_{i,2}K_{i2}w_{i,2} - K_{i2}(d_{i2} + c_{i2}x_{12} + v_{i2}x_{22})}{K_{i2}(f_{i2} + c_{i2}x_{12} + v_{i2}x_{22})}$$

Les étapes suivantes

L'itération est poursuivie jusqu'à ce que les écarts de rentabilité entre les branches soient très faibles ce qui met un terme aux mouvements de capitaux. Concrètement cela se traduit par des écarts devenus négligeables entre le membre de gauche et le membre de droite du système d'équations, soit $(AX_n - B_n \to 0)$.

Les solutions de l'équation (1) existent et peuvent être recherchées à l'aide de la procédure itérative suivante :

$$X_{n+1} = AX_n, avec\, n = 0, 1, .., n$$

Au terme du processus supposé convergeant sont calculés *les prix de production de marché* que nous cherchons à établir.

8.4. Exemple numérique

À partir de l'exemple numérique emblématique de Marx, adapté de manière à tenir compte du capital fixe, nous nous proposons de calculer les prix de production de marché par une méthode itérative. L'exemple part d'un capital total avancé $(\Sigma F_i + \Sigma C_i + \Sigma V_i)$ d'un montant posé égal à 1 000 milliards d'euros dont la répartition entre les branches est quelconque. Le mode opératoire est le suivant :

1. À partir de ces grandeurs nous calculons les coefficients de transformation (x_1 et x_2) à l'aide du système complet formé de quatre équations : les deux équations de détermination des prix et les deux contraintes.
2. Nous utilisons ensuite les prix de production ainsi déterminés pour établir les transactions de chaque branche (les ventes et les coûts de production).
3. Nous calculons ensuite les taux de rentabilité dans les branches I et II, ceux-ci sont généralement inégaux. Il s'agit fréquemment d'une situation de déséquilibre qui engendrent des mouvements de capitaux entre les branches.
4. Les transferts de capitaux se font vers les activités les plus rentables.
5. Si le processus est convergeant, au bout d'un certain nombre d'itérations, les écarts entre les taux de rentabilités des deux branches deviennent très faibles et les transferts inexistants, nous obtenons ainsi les prix d'équilibres que nous nommons *"prix de production de marché"*.

L'exemple numérique qui va être développé est le suivant :

			Récupération capital fixe	Matières premières	Forces de travail	Plus-value	Produits
	K_i	f_i	d_i	c_i	v_i	pl_i	w_i
	Coef.	a_{i0}	a_{i1}	a_{i2}	a_{i3}	a_{i4}	a_{i5}
I	100	50	5	35	15	15	70
II	100	10	1	50	40	40	131

Les coefficients de production résumés ci-dessus sont calcules sur la base d'un capital capital avancé (capital fixe plus capital circulant plus capital variable) égal à 100 dans chaque branche.

Le taux de profit [10] est calculé selon la méthode habituelle. Il est égal au rapport entre la plus-value créée dans les deux branches sur le total du capital avancé dans celles-ci, soit ici $(15 + 40)/200{=}55/200{=}27{,}5\%$ (et $t = 1.275$).

Le montant du capital total, supposé égal à 1 000, est maintenant réparti de la façon suivante dans les deux branches : $K_1 = 700$ dans la première branche et $K_2 = 300$ dans la seconde. Cette affectation est quelconque et nous nous interrogeons pour savoir s'il s'agit d'une répartition efficiente. Notons que K_1 et K_2 sont donnés et constituent des paramètres dans le système analytique.

10. Rappelons que le taux de profit est ici différencié du taux de rentabilité.

TABLE 8.4. – Valeurs

Branche	D_i	C_i	V_i	S_i	W_i
I	35	245	105	105	490
II	3	150	120	120	393
Total	38	395	225	225	883

Le système analytique complet est composé des conditions sociotechniques de production et des deux contraintes. Il comprend deux inconnues (les coefficients de transformation) et quatre équations ; il est surdéterminé.

Appliquons cette méthode et formons le système $AX = B$ à partir des deux équations initiales auxquelles nous ajoutons les deux contraintes (A est désormais une matrice qui possède 4 lignes, 2 colonnes) :

$$\begin{bmatrix} -0.189875 & 0.128625 \\ 0.18375 & -0.2460 \\ 0.49000 & 0.39300 \\ 0.09500 & 0.16800 \end{bmatrix} \begin{bmatrix} x_1 \\ x_2 \end{bmatrix} = \begin{bmatrix} -0.11375 \\ -0.00975 \\ 0.88300 \\ 0.26300 \end{bmatrix}$$

La solution du système complet est $X \approx A^{\dagger}B$, sachant que $A^{\dagger} = (AA^T)^{-1}A^T$. Le calcul effectué avec le logiciel Xcas donne les résultats suivants (ce logiciel possède une fonction *lsq* qui calcule immédiatement ce résultat), (chiffres arrondis, seulement six chiffres après la virgule ont été retenus) :

$$\begin{aligned} x_1^* &= 1.123167 \\ x_2^* &= 0.858407 \end{aligned}$$

La solution n'est qu'approximative, aussi convient-il de calculer les écarts (arrondis à six chiffres après la virgule), à l'aide de la formule $E = AX^* - B$ et dans laquelle $X^* = \begin{bmatrix} x_1^* \\ x_2^* \end{bmatrix}$

,

TABLE 8.5. – Tableau des écarts

Équation	Première	Deuxième	Troisième	Quatrième
Écart	0.010901	0.004963	0.004706	-0.012086

À la lecture de ces chiffres il apparaît clairement que cette solution n'est pas la meilleure possible. Aussi allons-nous donc chercher à améliorer la précision des résultats.

Une différenciation des taux de rentabilité

L'idée est la suivante. La méthode de MOORE-PENROSE détermine des prix qui vérifient imparfaitement les différentes équations qui forment le système. Si l'on admet que les prix ainsi obtenus sont les prix pratiqués dans le système économique qu'advient-il des rentabilités des branches ? Sont-elles identiques ? Sont-elles différentes ? S'il advenait qu'elles ne soient pas de même grandeur, il se créerait une situation déséquilibrée qui engendrerait un transfert de capitaux vers la branche la plus rentable.

En l'espèce, le capitaliste de la branche I achète aux prix de production courants les marchandises A au prix de 1.123176 euros l'une, soit un coût total de 90.132 milliards d'euros et paiera 90.132 milliers d'euros pour l'usage des forces de travail nécessaires pour faire fonctionner les machines et produire durant une période de production ($90 * 0.906256$) et il vendra sa production au prix de 1.123167 € l'une, il en tirera un chiffre d'affaires de 550.352 milliards d'euros. Son profit qui correspond à la différence entre les recettes et les coûts, est égal à 150.043 milliards d'euros. Un même raisonnement est appliqué à la deuxième branche. Si nous admettons que les prix obtenus sont les prix courants pratiqués dans les transactions courantes, nous pouvons reconstituer les branches I et II au terme de la première itération (chiffres arrondis à trois chiffres après la virgule) dans le tableau suivant.

TABLE 8.6. – Prix courants

Branche	D	C	V	π	$x_i W_i$
I	35	275.176	90.132	150.043	550.352
II	20	86.090	108.750	57.035	271.876

Dans la première branche le taux de rentabilité est égal à :

$$Taux\ r_1 = \frac{150.043}{350+275.176+90.132} = 20.976\ \%$$

et dans la deuxième branche :

$$Taux\ r_2 = \frac{57.035}{200+86.090+108.750} = 20.853\ \%$$

Le taux de profit de la première branche est supérieur à celui de la seconde branche. Selon la loi générale du système capitaliste et si aucune barrière n'entrave le mouvement, des capitaux vont se déplacer de la branche II vers la branche I, c'est-à-dire vers la branche dont la composition organique est la plus importante.

De quels montants seront les transferts ? Il n'existe pas à notre connaissance de loi pour les calculer aussi procéderons-nous par tâtonnements. Toutefois nous devons tenir compte de certaines limites :

- limite supérieure : toute la plus-value de la deuxième branche est investie dans la première.
- limite inférieure : la branche qui produit les biens de consommation ouvrière doit assurer une production suffisante pour maintenir la subsistance des travailleurs, aussi les transferts ne peuvent dépasser une certaine limite.

Dans la prochaine étape nous considérerons que les capitalistes de la seconde branche transfèrent seulement une partie de leur capacité d'investissement vers la première branche.

Un transfert insuffisant

Le mode opératoire est identique. Aussi, pour ne pas alourdir l'exposé, nous ne présenterons que les résultats obtenus après la prise en considération d'un transfert de capital de 50 unités de la branche II vers la branche I, toutes choses égales par ailleurs. Le capital total de 1 000 unités est maintenant réparti en 750 unités dans la première branche et 250 dans la seconde, soit le tableau en valeurs suivant :

TABLE 8.7. – Valeurs

Branche	D	C	V	S	W
I	37.500	262.500	112.500	112.500	525.000
II	2.500	125.000	100.000	100.000	327.500

Le taux de profit escompté est de 21,25 %. Comme précédemment par application de la méthode de MOORE-PENROSE nous calculons les coefficients de transformation, $x_1 = 1.104370$ et $x_2 = 0.837843$, ce qui nous permet d'établir le tableau en prix courants. Ici aussi la rentabilité réelle est calculée par différence entre le chiffre d'affaires de la branche et ses coûts de production.

TABLE 8.8. – Prix courants

Branche	D	C	V	Profit	W
I	37.500	289.897	94.257	158.139	579.794
II	2.500	138.046	83.784	50.063	274.393

Le taux de rentabilité dans la branche I est maintenant de 20.831 % et celui de la deuxième branche de 20.282 %. Le transfert de capitaux a diminué l'écart des rentabilités mais ne l'a pas rendu négligeable. Son montant n'a pas été suffisant pour atteindre le point d'équilibre, les transferts devraient être poursuivis de la branche II vers la branche I.

Un transfert excessif

Examinons maintenant ce qu'il advient si nous avons un transfert plus important, par exemple 100 unités (par rapport à la situation initiale) au lieu des 50 unités précédentes. Le capital total est maintenant réparti en 800 unités dans la première branche et 200 unités dans la seconde.

TABLE 8.9. – Valeurs

Branche	D	C	V	S	W
I	40.000	280.000	120.00	120.000	560.000
II	2.000	100.000	80.000	80.000	262.000

Le taux de profit potentiel est de 20 %. Par application de la méthode de MOORE-PENROSE nous obtenons les coefficients de transformation, $x_1 = 1.077380$ et $x_2 = 0.829612$, ce qui nous permet d'établir le tableau en prix courants.

TABLE 8.10. – Système en prix

Branche	D_i	C_i	V_i	π_i	x_iW_i
I	40.000	301.666	99.553	162.113	603.333
II	2.000	107.738	66.368	41.251	217.358

Le taux de rentabilité dans la première branche est de 20.233 % et dans la seconde branche de 21.251 %. La situation s'est inversée. La rentabilité est maintenant supérieure dans la seconde branche. Le transfert de capital a été trop important et a engendré un déséquilibre inverse. Les transferts devraient maintenant se réaliser de la première branche vers la seconde.

Évidemment la situation d'équilibre se trouve entre les deux précédentes répartitions analysées. Nous allons maintenant établir *la moins mauvaise solution.*

La meilleure solution

Selon nos calculs, toujours avec SCILAB, XCAS et LABVIEW le transfert efficient pour cet exemple numérique est le suivant :

TABLE 8.11. – Transferts de capitaux

Branche	K_0	K_∞	Delta
I	700.000	777.198	+77.198
II	300.000	222.801	-77.198
Total	1000	1000	0

Ce résultat a été obtenu après plusieurs itérations, lesquelles ont été arrêtées lorsque les six premiers chiffres après la virgule des deux taux de rentabilités étaient identiques (r=20,570045 %).

Système en valeurs

TABLE 8.12. – Système en valeurs

Branche	D_i	C_i	V_i	S_i		x_iW_i
I	38.859	272.019	116.579	116.579	=	544.038
II	2.228	111.400	89.120	89.120	=	291.870
Total	41.087	383.420	205.700	205.700		835.908

Les coefficients de transformation calculés selon la méthode de MOORE-PENROSE sont x_1 = 1.090553 et 0.831211. Ces grandeurs nous permettent d'établir le tableau en prix courants.

TABLE 8.13. – Système en prix

Branche	D_i	x_2C_i	x_3V_i	π_i		x_iW_i
I	38.859	296.651	96.902	160.889	=	593.303
II	2.228	121.488	74.078	44.811	=	242.605
Total	41.087	418.140	170.980	205.700		835.908

Système en prix

Outre l'égalité des taux de profit dans les deux branches qui a déjà été évoquée, il est remarquable que la somme des valeurs soit égale à la somme des prix (835.908 millions d'euros) et que la somme des plus-values soit égale à la somme des profits (205.700 millions d'euros).

Les taux de rentabilité (20, 570045 %) sont identiques dans les deux branches aussi les transferts de capitaux n'ont plus d'objet.

Ce qui est plus étonnant encore c'est que le taux de profit moyen est égal aux taux de rentabilité des deux branches. La méthode de calcul du taux de profit est désormais pertinente. À partir du seul tableau des valeurs nous pouvons aisément calculer le taux de profit : $t_\pi = 205.700/1000 = 20.570\%$. Celui-ci est parfaitement identique aux taux de rentabilité des deux branches calculés selon la méthode de MOORE-PENROSE (20, 570 %).

En outre si nous adoptons la méthode itérative évoquée en introduction selon laquelle MARX n'a présenté que la première étape d'un processus qu'il faut conduire à son terme, nous obtenons le tableau 11 en prix.

8.5. Unicité de la solution

Dans ce chapitre nous avons examiné un système régulier formé de deux équations linéaires. Nous avons montré qu'il existe une solution au problème dit de la transformation des valeurs en prix de production si l'on admet que les capacités de production ne sont pas immuables mais peuvent être modifiée par des transferts de capitaux entre les deux banches.

Le premier graphique exprime une situation avant transferts, le second traduit une situation d'équilibre où il est possible de calculer les coefficients de transformation des valeurs en prix de production avec une faible marge d'erreur.

Premier graphique

Dans ce premier graphique, la moins mauvaise solution, au sens de la méthode des moindre carrés, est matérialisée par le point Mp.

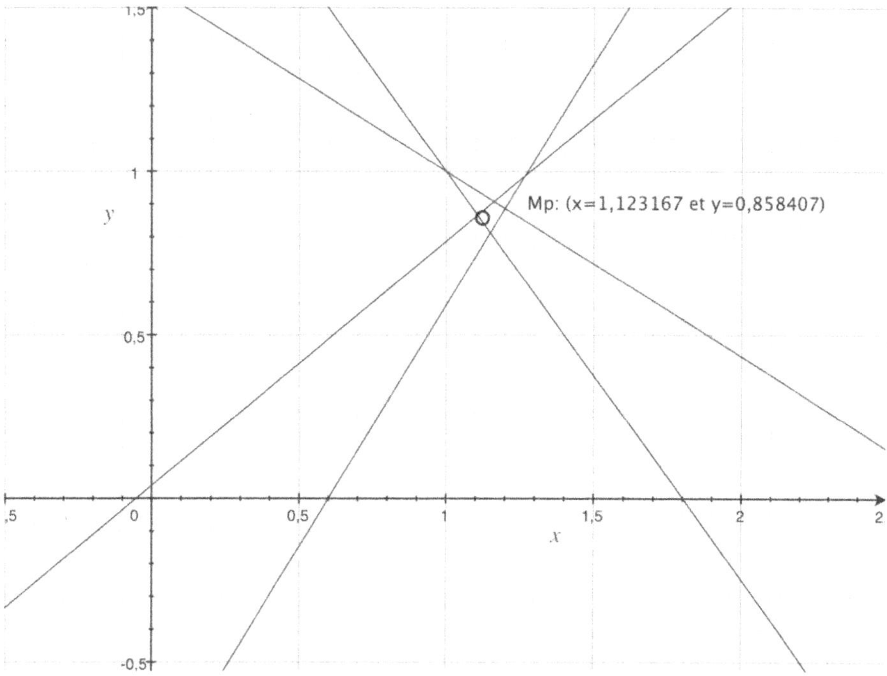

Second graphique

Ce second graphique traduit une situation où, après des transferts de capitaux vers les banches les plus rentables, les différentes courbes se coupent en un point unique, le point A dont les coordonnées correspondent aux coefficients de transformation x_1 et x_2.

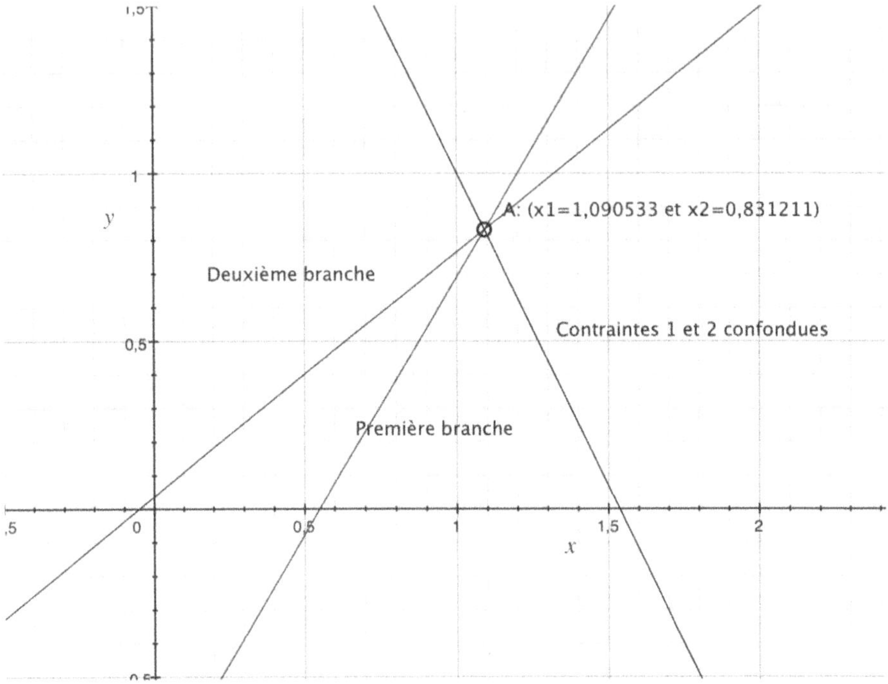

Nous soulignerons aussi que les deux droites qui symbolisent les deux contraintes se sont rapprochées au cours des différentes itérations et sont désormais confondues.

La première contrainte pivote vers la droite et possède à l'équilibre une pente plus prononcée comme le montre le graphique ci-dessous..

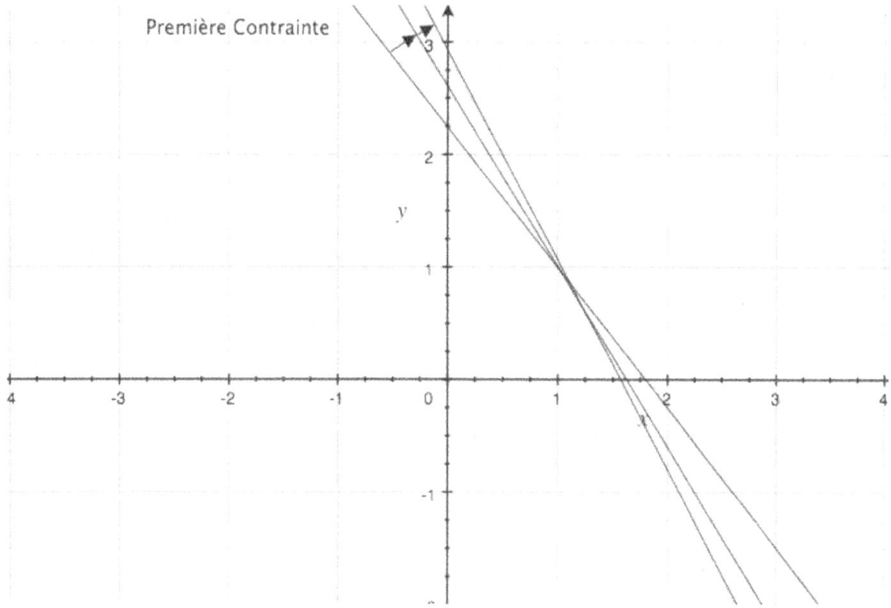

Remarquons que le point de rotation des différentes droites qui caractérisent la première contrainte pour des répartitions différentes du capital entre les branches est le point de coordonnées (1,1).

Il en est de même pour la deuxième contrainte.

Remarquons que le point de rotation des différentes droites qui caractérisent la deuxième contrainte pour des répartitions différentes du capital entre les branches est le point de coordonnées (1,1), c'est-à-dire le même point que ci-dessus.A l'équilibre les deux droites sont confondues et ont la même équation et le même coefficient directeur.

Mais la conclusion principale de notre analyse est la mise en évidence de l'existence d'une solution alors que la possibilité de l'existence d'une telle solution est niée par la plupart des économistes académiques. On peut en outre préciser que dans le cas d'un système de deux branches la situation est unique (et déterminée par l'intersection de trois droites en un point unique, le point A). Cela ne sera plus le cas dès que nous envisagerons des systèmes formés de trois branches ou plus. Dans ces cas il existe généralement une infinité de solutions algébriques (par exemple dans le cas d'un système composé de trois branches, l'ensemble des solutions algébriques est déterminée par l'intersection de plusieurs plans dans l'espace, donc une droite, comme nous le démontrerons dans les chapitres suivants).

8.6. Conclusions

Dans ce chapitre nous avons étudié les conséquences des mouvements des capitaux dans le cas élémentaire d'un système formé de deux branches.

Nous présentons pour conclure ce chapitre :

1. nous avons montré l'existence d'une solution au fameux problème dit de la *"transformation des valeurs en prix de production"*,
2. nous avons élaboré une nouvelle méthode itérative qui associe la détermination des prix pour une répartition quelconque du capital entre les branches à une détermination d'une nouvelle répartition du capital à partir des nouveaux prix calculés dans la phase précédente, ceux-ci étant maintenant considérés comme des paramètres,
3. le capital se déplace vers la branche la plus rentable dont la composition organique est généralement supérieure à la composition moyenne, ce qui constitue un paradoxe, car les principaux commentateurs considèrent cette éventualité comme impossible.

Dans nos développements nous avons mis en évidence la possibilité de transferts de capitaux vers les branches dont la composition organique est supérieure à la moyenne. Ce flux constitue un paradoxe. Pour SWEEZY, par exemple, qui suppose implicitement que les marchandises sont vendues à leurs valeurs, le capital quitte les branches à forte composition organique pour les branches à faible composition organique, contrairement à l'évolution constatée dans l'histoire du capitalisme ([62]). ABRAHAM-FROIS et BERREBI ([1])soutiennent une thèse quasi identique : "*Il est tout à fait impossible,* écrivent-ils, *contrairement à ce qu'il* [MARX] *affirme, de fonder la péréquation du taux de profit sur la concurrence des capitaux, la concurrence conduirait en effet les capitalistes à abandonner les secteurs à forte composition organique (où il y a peu de plus-value à récupérer) et à se ruer vers les secteurs à faible composition organique.*"

Ces attitudes illustrent grande incompréhension de la méthode d'exposition utilisée par MARX que l'on peut caractérisée d'approximations successives. Très schématiquement : dans le chapitre VIII du livre III du *Capital*, il admet que les marchandises sont vendues à leur valeurs et les compositions organiques des branches différentes. Ces hypothèses engendrent des taux de profit différents dans ls branches ce qui constitue une contradiction avec la loi d'uniformisation du taux de profit qui résulte des flux de capitaux vers les branches les plus rentables. La résolution de cette contradiction passe par la transformation des valeur en prix de production, exposée dans le chapitre suivant, qui fait état d'un mécanisme de péréquation de la plus-value sociale entre les branches. Considérer que les marchandises continuent à être vendues à leurs valeurs constitue une incompréhension de la méthode d'exposition de l'auteur du *Capital.* Mais MARX ne s'arrête pas là. Dans le chapitre X du même livre, il analyse l' hypothèse de capitaux inégaux investis dans les branches et l'établissement de *"prix de production de marché".* Désormais les marchandises ne sont plus vendues à leurs valeurs ni à des prix de production mais à leurs *"prix de production de marché".* Ne pas suivre cette évolution dans la problématique constituerait une faute de compréhension de l'exposé de MARX.

Les auteurs comme SWEEZY, ABRAHAM-FROIS, BERREBI et d'autres commettent ce type d'erreur en raisonnant comme si les marchandises étaient toujours vendues à leurs valeurs après la transformation des valeurs en prix de production de marché.

Inversement pour TRAN H. les mouvements de capitaux sont sans objet car la péréquation de la plus-value égalise les taux de profits entre les branches. Il note à ce propos *"Et dans la mesure où la transformation de la valeur d'échange en prix de production établit un taux de profit général, elle rend inutile, car sans objet, tout déplacement de capitaux entre les branches. Autrement dit, ce que provoquent ici les transferts de survaleur* [plus-value] *entre les branches ce ne sont point des transferts de capitaux en sens inverse ; mais bien au contraire le non-transfert de capital entre branches ayant des niveaux différents de composition organique",* ([63] p. 96). Cet auteur commet le même type d'erreur que les précédents. Il généralise une "loi" établie à un stade du raisonnement de MARX, le chapitre 9 du livre III, et la fige pour en faire une loi universelle alors que MARX poursuit son analyse dans le chapitre 10 et indique en substance dans le chapitre précédent il a décrit le principe de péréquation pour des grandeurs identiques de capitaux avancés au sein des différents ateliers d'une entreprise pour mettre en évidence l'influence des différences de composition organique, Dans ce chapitre il tient compte de la concurrence des capitaux au sein d'une branche qui produisent le même type de marchandises et de la concurrence des capitaux entre les branches, caractérisée par les flux vers ls branches les plus rentables. A ce stade l'analyse tient compte des différences des grandeurs de capitaux avancés. Il procède à cette analyse dans le chapitre 10 du livre III, malheureusement celle-ci est confuse, peu comprise et surtout non illustrée par des exemples numériques.

A notre point de vue TRAN H. commet le même type d'erreur en ne distinguant pas clairement les différentes phases de l'analyse de MARX et en généralisant une "loi" établie à un stade de l'argumentation (le chapitre 9 du livre III du *Capital)* alors que celle ci est rediscutée et redéfinie par l'auteur au chapitre suivant (le chapitre 10) et dans lequel il explique que le *prix de production de marché* prend la place des *valeurs de marché.*

Toutefois il est primordial d'indiquer que par notre analyse pour la première fois l'évolution séculaire des capitaux vers les branches à forte intensité capitalistique est expliquée de façon rationnelle.

Examinons maintenant un exemple plus complet qui prend en considération une économie composée de trois branches.

9. Le chemin optimal de croissance

Dans le chapitre précédent nous avons examiné un système formé de branches qui utilisaient des machines, non produites localement, ce qui nous a permis de présenter un système formé de seulement deux branches, la première produisait des matières premières et l'autre des biens de consommation courante. Nous avons insisté sur la procédure itérative de résolution des systèmes surdéterminés car celle-ci est peu connue des économistes et peu utilisée dans les systèmes de détermination des prix.

Dans ce nouveau chapitre nous considérons un système économique formé de trois branches, ce qui accorde un degré de liberté supplémentaire. La première produit de l'énergie qui permet d'alimenter les machines ; la seconde fournit des matières premières et la troisième des biens de consommation courante. Le traitement du capital fixe est le même que dans le chapitre précédent. Les trois branches évoquées ci-dessus utilisent des machines, mais celles-ci ne sont pas produites localement, nous dirons qu'elles sont importées. Leurs acquisitions sont financées par des fonds (le *"principal"* disent les banquiers) qui sont remboursés progressivement et linéairement sur toute la durée d'utilisation des immobilisations concernées.

Par ailleurs l'exposé de ce modèle sera l'occasion de discuter le schéma de croissance dit de von Neumann, utilisé par certains économistes, selon lequel les règles de conservation de la valeur ne peuvent pas être satisfaites simultanément que si les capitalistes accumulent toute la plus-value produite et si toutes les branches croissent à un taux identique et égal au taux de profit.

9.1. Introduction

Il est bien connu que dans les exemples numériques de Marx au chapitre 9 du Livre III du *Capital*, la somme des plus-values égale la somme des profits et la somme des valeurs égale la somme des prix. De nombreux auteurs s'accordent pour dire que ceci est possible car la transformation n'est pas complète : les matières premières (les inputs) sont échangés à leurs valeurs et non à leurs prix de production. Il y eut plusieurs tentatives pour *"corriger"* cette méthode, soit à l'aide de systèmes d'équations simultanées ou encore à l'aide d'une approche itérative.Ces différentes approches aboutirent à la même conclusion : si la *transformation* est appliquée aux inputs, la double égalité n'est plus vérifiée. Pour ces auteurs, soit on peut conserver l'égalité du total de toutes les valeurs avec le total des prix, soit on peut maintenir l'égalité du total des plus-values avec tous les profits, mais pas les deux. Dans les versions les plus indulgentes la procédure de MARX ne peut être validée que dans quelques cas exceptionnels. Trois cas sont généralement évoqués :

1. Lorsque les profits sont nuls.
2. Lorsqu'il existe une composition organique du capital uniforme dans toutes les branches.
3. Ou encore quand la structure de la production est en « proportion standard », autrement dit si les capitalistes accumulent toute la plus-value et si toutes les branches croissent à un taux identique et égal au taux de profit. Ce cas est souvent nommé *"chemin de croissance de von Neumann"*.

Les explications sur ces points sont parfois très confuses aussi il nous a semblé nécessaire de les synthétiser à partir de celles qui nous semblent les plus pertinentes. [1]

9.2. Les exposés antérieurs de la question

La procédure de transformation des valeurs en prix a été formalisée par certains auteurs académiques sous des formes linéaires simples : le calcul des prix est effectué lorsque l'on connait les coefficients techniques et les quantités nécessaires de travail. Selon la version moderne de la théorie académique qui quantifie les différentes grandeurs en quantités physiques et considère des systèmes homogènes à capital circulant, les prix de production sont déterminés simultanément avec le taux de profit et indépendamment des *"valeurs-travail"*.

Pour ces auteurs la formule de calcul de MARX du taux de profit qui lie sa grandeur au taux d'exploitation et à la composition organique moyenne, semble fausse ([68]), exceptée dans quelques cas spécifiques qu'il est possible de préciser. Le raisonnement est le suivant. Pour les

1. G. ABRAHAM-FROIS et E. BERREBI (ABRAHAM-FROIS et BERREBI, Price, profits and ryhtms of accumulation, 1997, p.148 et s.

auteurs académiques, le système primitif de transformation de MARX implique "somme des valeurs =sommes des prix" et "somme des plus-values = somme des profits" (nous avons souligné l'inexactitude de cette formulation) mais quand les systèmes de prix de production sont écrits d'une manière correcte (c'est-à-dire quand les inputs et les outputs sont évalués en prix de production à la façon de BORTKIEWICKZ) *"il n'y aucune raison logique que ces égalités soient vraies en général"* mais, comme nous allons le préciser, seulement dans quels cas particuliers.

Les cas particuliers pour lesquels les identités fondamentales sont vérifiées.

Le taux de profit [2] est défini par MARX par la masse de plus-value sur le capital engagé (référence), ce qui s'écrit selon les notations des auteurs académiques :

$$\pi = \frac{Y(I - M)\Lambda}{YM\Lambda}$$

Remarque : le capital avancé est ici réduit aux coûts de production évalués en valeur. Voir la critique de BRODY et les corrections de ENGELS.

Le système de prix de production P, défini par $P = (1 + R)MP$, peut être complété par la condition de normalisation $YP = Y\Lambda$ qui traduit que la somme des prix de toutes les marchandises est égale à la somme des valeurs de toutes les marchandises. Nous avons alors :

$$r = \frac{Y(I - M)\mathrm{P}}{YMP}$$

Selon les auteurs académiques la théorie de MARX n'est soutenable que si le taux de profit est égal au taux de rentabilité ($\pi = r$) ou

$$\frac{Y(I - M)\Lambda}{YM\Lambda} = \frac{Y(I - M)\mathrm{P}}{YMP}$$

Notons aussi qu'en raison de cette même condition de normalisation, la plus-value totale est égale à la masse des profits, ce qui se note :

$$Y(I - M)\Lambda = Y(I - M)P$$

2. Pour clarifier le débat nous appelons taux de profit le ratio tel que défini par MARX et nous le notons π, taux de rentabilité le ratio tel que défini par les auteurs académiques, nous le notons r.

La condition $\pi = r = \frac{Y(I-M)\Lambda}{YM\Lambda}$ peut s'écrire $Y[I - (1+r)M\Lambda = 0$. Cette équation permet de préciser les quelques cas pour lesquels la théorie de MARX est vérifiée.

- Dans le premier cas les masses de plus-values et de profits sont nulles ;
- Dans le second cas les compositions organiques des différents secteurs sont identiques.

Ces deux cas secondaires sont caractérisés par leur simplicité. Ils seront seulement évoqués ici.

Le troisième cas, mis en évidence par MORISHIMA et SAMUELSON (1971), repose sur l'hypothèse que consommation finale des capitalistes est nulle et qu'en conséquence ils accumulent toute la plus-value dégagée par le système. Alors le vecteur des productions des branches Y est égal au vecteur propre à gauche de la matrice M, associé à la valeur propre maximale de la matrice M, admise comme indécomposable.

$$Y = (1+r)YM$$

Au système primal $\lambda P = AP$ correspond un « problème dual » qui s'écrit : $\mu Y = YA$. On peut alors établir que $\mu = \lambda$. Et là encore, la traduction économique est possible et encore plus évidente si l'on pose $\mu = 1/1+g$. L'équation précédente s'écrit alors $Y = (1+g)YA$ et on peut l'interpréter économiquement ainsi : Y représente le vecteur des quantités physiques produites de chaque marchandise (outputs) et YA les quantités de marchandises nécessaires à cette production (matières premières et autres, les inputs) et g est assimilé au taux de taux de croissance de l'économie. Et comme les valeurs propres sont identiques ($\mu = \lambda$), on a aussi égalité entre le taux de croissance (g) et le taux de profit (r). Il y a donc une correspondance entre prix, profit et croissance établie sur la seule base des quantités physiques.

Trois versions légèrement différentes de cette thèse peuvent être évoquées.

Pour MORISHIMA la transformation de la plus-value en profit et celle des valeurs en prix de production est possible dans un système de branches à produit unique et capital circulant si le système économique est en régime de croissance dit de "MARX-VON NEUMANN" où les capitalistes accumulent la totalité de la plus-value et si toutes les branches croissent au même taux (qui est à la fois le taux de croissance maximum et le taux de profit).

Pour SAMUELSON la thèse de MARX est vérifiée dans le cas de *"compositions internes égales de capitaux (constants)"*, c'est-à-dire quand chacun des départements utilise les matières premières et des machines dans les mêmes proportions que celles que la société produit intégralement (1971b, p. 415 [3]).

Pour Patrick MAURISSON[39] enfin, le problème de la transformation consiste à établir les conditions d'égalité entre le taux de surplus ne peut être vérifiée que dans des systèmes de production réguliers, c'est-à-dire lorsque les taux de surplus des branches qui constituent le système de production sont identiques [4].

Critiques des auteurs académiques

Ce système de prix établis à partir de systèmes dont les grandeurs sont évaluées en quantités physiques donne des résultats qui ne peuvent pas être reliés à ceux que l'on obtient à partir d'un système en valeurs, évaluées en quantité de monnaie. C'est pourquoi ces formalisations matricielles servent de base à la critique du traitement par MARX du problème de la transformation des valeurs en prix de production et à l'élaboration de « solutions » alternatives qui conduisent au rejet de la notion de valeur. Mais ce cadre analytique a ses limites, les théorèmes de PERRON et FROBENIUS qui sont utilisés pour résoudre ces modèles ne s'appliquent qu'à certains types de systèmes d'équations linéaires et à certaines catégories de matrices. En outre il permet d'éluder la question pourtant primordiale de l'origine du profit car, dans le cas de la reproduction simple ou de la reproduction élargie, le taux de rentabilité est déterminé par les conditions d'homogénéisation du système. Il est devenu le *« paramètre d'ajustement »* qui permet de rendre le système mathématiquement cohérent, sans aucun lien avec la théorie de l'exploitation et les compositions organiques des branches. Notre sentiment est que les modèles singuliers à capital circulant ne sont pas appropriés pour rendre compte correctement du problème de la transformation tel que MARX l'a présenté. Aussi convient-il de les libérer du cadre d'analyse dans lequel ils ont été enfermés.

1/ L'introduction du capital fixe implique l'utilisation de systèmes d'équations avec seconds membres. Il n'est désormais plus possible de

3. "The case of equal internal compositions of (constant) capitals. In this case every one of the departments happens to use the raw materials and machine services in the same proportions that society produce them in toto. Thus, if the five departments represeent different goods (say corn, coal,..) then each department must have the same ratio of corn to coal in its constant capital as every other department." 1971b, p. 415

4. Chaque taux de surplus d'une branche rapporte la quantité en surplus d'une marchandise à la quantité de la marchandise produite par cette branche et consommée productivement par toutes les branches.

calculer le taux de profit selon la méthode académique. Il n'y a plus qu'une équation pour calculer le taux de profit, celle de MARX.

2/ L'égalité de MORISHIMA selon laquelle le taux de croissance est égal au taux de profit ($g = r$)) doit être interprétée différemment. Cette égalité est vérifiée en moyenne mais ne nécessite pas que les taux de croissance des branches soient tous égaux au taux de croissance moyen[5].

9.3. Hypothèses

Dans ce nouveau chapitre nous considérons trois branches définies par la nature de la marchandise qu'elles produisent.

1. La première produit de l'énergie qui permet d'alimenter les machines utilisées mais non produite dans l'espace économique considéré (importations).
2. La seconde fournit des matières premières, transformées dans le processus de production.
3. La troisième, des biens de consommation courante consommés par les travailleurs productifs, la classe dominante (les capitalistes les rentiers) et les classes intermédiaires improductives (le personnel de service, les fonctionnaires, les militaires, etc.).

Toutes concernent des marchandises dont les cycles sont intra-annuels et sont donc acquises avec la part du capital que l'on nomme capital circulant. Toutefois, comme précédemment, le système économique utilise des machines qui ne sont pas produites localement et qui ont été financées par du capital fixe. Ces fonds (le *"principal"* dirait un banquier) sont récupérés progressivement par l'organisme qui a financé l'investissement sur toute la durée d'utilisation des immobilisations concernées.

Dans la mesure où nous avons trois branches dont l'une produit de l'énergie, nous utilisons des coefficients qui prennent en compte la distinction au sein du capital circulant entre énergie et matières premières.

Les prix de production sont égaux aux coûts de production augmentés des profits, ce qui peut être noté :

$$D_i \quad +E_i x_1 \quad +C_i x_2 \quad +V_i x_3 \quad + \quad r(F_i \quad +C_i x_2 \quad +V_i x_3) \quad = W_i x_i$$

ou encore

5. Cette observation ne s'applique pas au taux de profit qui est supposé être général et donc égal dans toutes les activités.

$$Ka_{i1} \quad +K_i a_{i2} x_1 \quad +K_i a_{i3} x_2 \quad +K_i a_{i4} x_3$$

$$+ \quad r(K_i a_{i0} \quad +K_i a_{i2} x_1 \quad +K_i a_{i3} x_2 + K_i a_{i4} x_3)$$

$$= K_i a_{I6} x_i$$

La solution générale du système complet (qui sera précisée dans le prochain paragraphe) est la même que précédemment, soit $X \approx A^{\dagger} B$, sachant que $A^{\dagger} = (A^T A)^{-1} A^T$. Nous utilisons la méthode itérative qui a été présentée en détail dans le chapitre précédent pour résoudre ce système de cinq équations mais pour ne pas alourdir l'exposé nous ne présenterons ici que les résultats finaux du processus itératif.

Examinons tout d'abord le système analytique.

9.4. Le modèle analytique

Ce modèle est composé de deux sous-systèmes. Le premier est constitué des équations de production et le second des contraintes usuelles (La grandeur de la production totale de l'économie évaluée en prix de production de marché est égale à ce même agrégat exprimé en valeur et la somme des plus-values est égale à la somme des rentabilités).

Premier sous-système

Nous savons que les prix de production de marché sont égaux aux coûts de production (y compris la récupération progressive par le financeur du capital fixe avancé) augmentés de la quote-part de plus-value sociale à laquelle les capitalistes d'une branche peuvent prétendre en raison de la masse de capital qu'ils ont engagée dans le système productif. La production d'une branche évaluée en prix de production de marché sera donc égale à la récupération du capital fixe (notée D_i) plus le coût (en prix) de l'énergie (noté $E_i x_1$), plus le coût (en prix) des matières premières (noté ($C_i x_2$), plus le coût salarial (notés $V_i x_3$) et la part de la plus-value que peut espérer la branche en fonction du volume du capital total avancé. Ce denier élément est égal au taux de rentabilité (noté r) multiplié par le capital total engagé dans la branche, soit la somme de trois éléments : la totalité du capital fixe engagé dans la production au début de la période (noté F_i) plus le capital circulant nécessaire pour financer le coût de l'énergie, des matières premières et l'usage des forces de travail pour une durée déterminée.

Dans un système de trois branches, nous avons :

$$\begin{array}{llllllll} D_1 & +E_1x_1 & +C_1x_2 & +V_1x_3 & + & r(F_1 & +C_1x_2 & +V_1x_3) & = W_1x_1 \\ D_2 & +E_2x_1 & +C_2x_2 & +V_2x_3 & + & r(F_2 & +C_2x_2 & +V_2x_3) & = W_2x_2 \\ D_3 & +E_3x_1 & +C_3x_2 & +V_3x_3 & + & r(F_3 & +C_3x_2 & +V_3x_3) & = W_3x_3 \end{array}$$

En séparant les variables sur la partie gauche de l'équation et les paramètres sur la partie droite, nous obtenons le modèle analytique de détermination des prix à partir des valeurs :

$$\begin{array}{ccccccc} (E_1t - W_1)x_1 & + & C_1tx_2 & + & V_1tx_3 & = & -rF_1 - D_1 \\ E_2tx_1 & + & (C_2t - W_2)x_2 & + & V_2tx_3 & = & -rF_2 - D_3 \\ E_3tx_1 & + & C_3tx_2 & + & (V_3t - W_3)x_3 & = & -rF_3 - D_3 \end{array}$$

Expression dans laquelle r et t ($t = r + 1$) sont des paramètres définis par le rapport de la masse de plus-value sur le total du capital engagé. Si l'on tient compte des montants des capitaux engagés dans les trois branches, nous pouvons écrire ($E_1 = K_1e_1, C_1 = K_1c_1$, etc.) et il vient :

$$\begin{array}{ccccc} K_1(e_1t - w_1)x_1 & + & K_1c_1tx_2 & + & K_1v_1tx_3 \\ K_2e_2tx_1 & + & K_2(c_2t - w_2)x_2 & + & K_2v_2x_3 \\ K_3e_{3'}tx_1 & + & K_3c_3tx_2 & + & K_3(v_3t - w_3)x_3 \end{array}$$

$$\begin{array}{cc} = & -rK_1f_1 - K_1d_1 \\ = & -rK_2f_2 - K_2d_2 \\ = & -rK_3f_3 - K_3d_3 \end{array}$$

La dernière étape consiste à utiliser les coefficients a_{ij} définis pour 100 unités de capital engagé à la place des lettres f_i, d_i, etc. :

Symbole	f_i	d_i	e_i	c_i	v_i	s_i	w_i
Coefficient	a_{i0}	a_{i1}	a_{i2}	a_{i3}	a_{i4}	a_{i5}	a_{i6}

D'où finalement :

$$\begin{bmatrix} K_1(a_{12}t - a_{16}) & K_1a_{13}t & K_1a_{14}t \\ K_2a_{22}t & K_2(a_{23}t - a_{26}) & K_2a_{24}t \\ K_3a_{32}t & K_3a_{33}t & K_3(a_{34}t - a_{36}) \end{bmatrix} \begin{bmatrix} x_1 \\ x_2 \\ x_3 \end{bmatrix}$$

$$= \begin{bmatrix} -K_1(a_{10}r + a_{11}) \\ -K_2(a_{20}r + a_{21}) \\ -K_3(a_{30}r + a_{31}) \end{bmatrix}$$

Nous obtenons ainsi le premier sous-système. Mais il nous faut maintenant tenir compte des deux égalités dites fondamentales qui forment le deuxième sous-système.

Deuxième sous-système

1. La grandeur de la production totale de l'économie évaluée en prix de production de marché est égale à ce même agrégat exprimé en valeur.

$$K_1 a_{16} x_1 + K_2 a_{26} x_2 + K_3 a_{36} x_3 = K_1 a_{16} + K_2 a_{26} + K_3 a_{36}$$

2. La somme des rentabilités de toutes les branches égale la somme des plus-values.

$$K_1(a_{16}x_1 - a_{11} - a_{12}x_1 - a_{13}x_2 - a_{14}x_3)$$

$$+K_2(a_{26}x_2 - a_{21} - a_{22}x_1 - a_{23}x_2 - a_{24}x_3)$$

$$+K_3(a_{36}x_3 - a_{31} - a_{32}x_1 - a_{33}x_2 - a_{34}x_3)$$

$$= K_1 a_{15} + K_2 a_{25} + K_3 a_{35} \quad = \Sigma K_i a_{i5}$$

ou (système développé)

$$K_1 a_{16} x_1 - K_1 a_{11} - K_1 a_{12} x_1 - K_1 a_{13} x_2 - K_1 a_{14} x_3$$

$$+K_2 a_{26} x_2 - K_2 a_{21} - K_2 a_{22} x_1 - K_2 a_{23} x_2 - K_2 a_{24} x_3$$

$$+K_3 a_{36} x_3 - K_3 a_{31} - K_3 a_{32} x_1 - K_3 a_{33} x_2 - K_3 a_{34} x_3$$

$$= K_1 a_{15} + K_2 a_{25} + K_3 a_{35}$$

ou (système ordonné mais non regroupé)

Les inconnues sont séparées des paramètres et placées à gauche de l'équation. Les paramètres sont regroupés à droite du signe égale.

$$K_1 a_{16} x_1 - K_1 a_{12} x_1 - K_2 a_{22} x_1 - K_3 a_{32} x_1$$
$$+K_2 a_{26} x_2 - K_1 a_{13} x_2 - K_2 a_{23} x_2 - K_3 a_{33} x_2$$

$$+K_3 a_{36} x_3 - K_1 a_{14} x_3 - K_2 a_{24} x_3 - K_3 a_{34} x_3$$

$$= K_1 a_{11} + K_1 a_{15} + K_2 a_{21} + K_2 a_{25} + K_3 a_{31} + K_3 a_{35}$$

Modèle analytique (système regroupé)

$$[K_1a_{16} - K_1a_{12} - K_2a_{22} - K_3a_{32}]x_1$$

$$+[K_2a_{26} - K_1a_{13} - K_2a_{23} - K_3a_{33}]x_2$$

$$+[K_3a_{36} - K_1a_{14} - K_2a_{24} - K_3a_{34}]x_3$$

$$= K_1a_{11} + K_1a_{15} + K_2a_{21} + K_2a_{25} + K_3a_{31} + K_3a_{35}$$

Le modèle analytique complet

Dans sa forme la plus générale et pour une économie formée de trois branches, le système complet est composé de cinq équations pour quatre inconnues et trois paramètres (K_1, K_2 et K_3), soit sous une forme condensée $AX = B$, où :

$$A = \begin{bmatrix} K_1(a_{12}t - a_{16}) & K_1a_{13}t & K_1a_{14}t \\ K_2a_{22}t & K_2(a_{23}t - a_{26}) & K_2a_{24}t \\ K_3a_{32}t & K_3a_{33}t & K_3(a_{34}t - a_{36}) \\ K_1a_{16} & K_2a_{26} & K_3a_{36} \\ T_{51} & T_{52} & T_{53} \end{bmatrix}$$

Les termes de la dernière ligne étant trop longs pour être présentés au sein du tableau de la matrice A ci-dessus nous les avons écrits sous une forme synthétique, notés T_{5i} et sont présentés ci-dessous sous une forme développée.

$$\begin{aligned} T_{51} &= K_1(a_{16} - a_{12}) - K_2a_{22} - K_3a_{32} \\ T_{52} &= K_2a_{26} - K_1a_{13} - K_2a_{23} - K_3a_{33} \\ T_{53} &= K_3a_{36} - K_1a_{14} - K_2a_{24} - K_3a_{34} \end{aligned}$$

$$X = \begin{bmatrix} x_1 \\ x_2 \\ x_3 \end{bmatrix}$$

$$B = \begin{bmatrix} -rK_1a_{10} - K_1a_{11} \\ -rK_2a_{20} - K_2a_{21} \\ -rK_3a_{30} - K_3a_{31} \\ K_1a_{16} + K_2a_{26} + K_3a_{36} \\ K_1(a_{11} + a_{15}) + K_2(a_{21} + a_{25}) + K_3(a_{31} + a_{35}) \end{bmatrix}$$

Solution

Comme nous l'avons vu précédemment la solution d'un tel système au sens des moindres carrés est $X^* \approx A^\dagger B$, sachant que $A^\dagger = (A^T A)^{-1} A^T$.

Il peut sembler que les termes K_i peuvent être éliminés sur certaines lignes car ils apparaissent à droite et à gauche du signe égale. Ceci constituerait une faute car on peut multiplier ou diviser les deux membres d'une équation par un même nombre sans perturber l'égalité entre les deux membres, toutefois nous comprenons aussi que, dans le cadre des analyses de MOORE-PENROSE, si ce nombre est différent de 1 ou -1, les différences entre les deux membres des équations $(AX - B)$ vont être modifiées ainsi que les résultats des calculs exposés ci-dessus. Par conséquent nous nous abstiendrons de multiplier ou diviser les deux membres d'une équation du système analysé avant de le mettre sous forme matricielle.

Ceci constitue la première étape de la procédure itérative : le calcul des coefficients de transformation (x_1, x_2 et x_3). Nous utilisons ces coefficients pour établir les transactions de chaque branche en prix de production (les ventes et les coûts de production) et calculer les rentabilités de chaque branche (rentabilité = chiffres d'affaires moins coûts de production). Ces calculs conduisent généralement à des taux de rentabilité différents dans les branches. Ceci caractérise une situation de déséquilibre. Des capitaux vont être déplacés vers les activités les plus rentables. Cette nouvelle répartition du capital induit une nouvelle détermination des coefficients de transformation, etc.

La procédure itérative est poursuivie jusqu'à ce que les écarts constatés de rentabilité puissent être considérés comme négligeables.

9.5. Exemple numérique

Nous avons retenu dans ce chapitre trois des branches de l'exemple numérique emblématique de MARX (les sections II, III et IV du tableau du paragraphe 6.3.5), adapté de manière à tenir compte du capital fixe. Nous nous proposons de calculer les prix de production de marché par la nouvelle méthode itérative qui a été présentée dans les précédents chapitres.

Mode opératoire

L'exemple part d'un capital total avancé composé de capital fixe, de capital circulant et de capital variable ($\Sigma F_i + \Sigma C_i + \Sigma V_i$) d'un montant égal à 1.000 milliards d'euros dont la répartition est inconnue. Le mode opératoire est le suivant :

1. À partir d'une répartition aléatoire du capital entre les branches nous calculons les coefficients de transformation (x_1 , x_2 et x_3) à l'aide du système complet formé de cinq équations : les trois équations de détermination des prix et les deux contraintes.

2. Nous utilisons ensuite les prix ainsi déterminés, que nous nommons *prix courants*, pour établir les grandeurs des transactions de chaque branche (les ventes et les coûts de production).

3. Nous calculons ensuite les taux de rentabilité dans les branches I, II et III. Ceux-ci sont généralement inégaux. Il s'agit fréquemment d'une situation de déséquilibre.

4. Nous examinons les transferts de capitaux qui résultent de l'existence de taux de rentabilité différents entre les branches, les capitaux se déplaçant vers les activités les plus rentables.

5. Si le processus est convergent, au bout d'un certain nombre d'itérations, les écarts entre les taux de rentabilité des trois branches deviennent très faibles et les transferts inexistants, nous obtenons ainsi les prix d'équilibres que nous appelons *"prix de production de marché"*.

L'exemple numérique qui va être développé est le suivant :

Branche	D	E	C	V	S	W
I	5	11.667	23.333	15	15	70
II	1	16.667	33.333	40	40	131
III	2.111	16.296	32.592	30	30	111

Le système analytique complet est composé des conditions sociotechniques de production et des deux contraintes. Il comprend ainsi trois inconnues et cinq équations ; il est surdéterminé. Nous exposons une des moins mauvaises solutions dans le prochain paragraphe.

Une solution acceptable

Afin de ne pas alourdir le texte, nous n'exposons pas ici les étapes intermédiaires du processus itératif, décrit en détail dans le chapitre précédent, et nous présentons le résultat final obtenu après de nombreuses itérations. Selon nos calculs (toujours effectués à l'aide du logiciel Xcas), une répartition efficiente du capital total est la suivante :

TABLE 9.1. – Répartition du capital

(chiffres arrondis)	Branche I	Branche II	Branche III	Total
K_i	305.5343	326.5394	367.9263	1000.000

Les itérations qui ont été arrêtées lorsque les cinq premiers chiffres après la virgule des trois taux de rentabilités étaient identiques (r=33.665888%).

La méthode de MOORE-PENROSE permet de constater que la solution est approximative mais les écarts calculés à l'aide de la formule $E = AX^* - B$ sont devenus négligeables (les cinq premiers chiffres après la virgule des deux termes des cinq équations sont identiques).

TABLE 9.2. – Tableau des écarts

Équation	Écart
Première	-5.30735178472e-07
Deuxième	-4.54145231035e-07
Troisième	9.83252444835e-08
Quatrième	0.0002229058136832
Cinquième	-0.000768257035816

Ces résultats permettent de construire le système en valeurs suivant :

TABLE 9.3. – Système en valeurs

Branche	D_i	E_i	C_i	V_i	s_i		W_i
I	15.276	35.643	71.287	45.827	45.827	=	213.862
II	3.265	54.425	108.851	130.622	130.622	=	427.788
III	7.767	59.958	119.916	110.377	110.377	=	408.398
Total	26.308	150.028	300.056	286.828	286.828		1 050.049

Le taux de profit calculé selon la méthode de Marx est égal à 28, 6828 %. Les coefficients de transformation calculés selon la méthode de MOORE-PENROSE, à savoir $x_1 = 1.19703082402$, $x_2 = 0.912266723112$ et $x_3 = 0.9882920662498$, nous permettent d'établir le tableau en prix courants.

Système en prix :

TABLE 9.4. – Système en prix

Branche	D_i	E_i	C_i	V_i	π_i		x_iW_i
I	15.276	42.667	65.062	45.291	87.706	=	256.002
II	3.265	65.150	99.346	129.093	93.576	=	390.431
III	7.766	71.772	109.444	109.085	105.545	=	403.616
Total	26.309	179.589	273.853	286.828	286.826		1 050.049

Outre l'égalité des taux de profit dans les trois branches qui a déjà été évoquée, il est remarquable que la somme des valeurs soit égale à la somme des prix (1 050.039 milliards d'euros) et que la somme des plus-values soit égale à la somme des profits (286.828 milliards d'euros).

Les taux de rentabilité (28,6828 %) sont identiques dans les deux branches aussi les transferts de capitaux n'ont plus d'objet.

Ce qui est plus étonnant encore c'est que le taux de profit est égal aux taux de rentabilités, la méthode de calcul de MARX à partir du taux d'exploitation et de la répartition des capitaux entre les branches est désormais pertinente. À partir du seul tableau des valeurs nous pouvons aisément calculer le taux de profit ; celui-ci est parfaitement identique au taux de rentabilité des trois branches calculé en application de la méthode de MOORE-PENROSE.

9.6. La matrice des surplus en prix

A partir des résultats obtenus précédemment nous pouvons établir le tableau des surplus de chaque branche en prix.

TABLE 9.6. – Tableau des surplus en prix

Branche	I	II	III	s/total	Surplus	Total
I	42.668	65.146	71.773	179.588	76.424	256.013
II	65.065	99.340	109.446	136.926	253.482	390.408
III	45.293	129.086	109.085	296.544	107.072	403.616
a) Valeur transférée	15.267	3.265	7.776	-	-	$\sum d_i$ 26.308
b) Valeur additionnelle	va_1 87.720	va_2 93571	va_3 105.536	-	-	$\sum va_i$ 286.827
Total général	256.013	390.408	403.616	613.058	436.981	1 050.039

Les grandeurs des surplus des branches I, II et III, exprimées en monnaie, sont respectivement 76.424, 253.482 et 107.072. Les taux de surplus des branches ne sont pas égaux comme le montre le tableau suivant.

TABLE 9.3. – Taux de surplus

Branche	Consommations intermédiaires	Surplus	Taux de Surplus (%)
Energie	179.588	76.414	42.55%
Matières premières	273.851	116.580	42.57%
Biens consommation	283.464	120.152	42.39%
Total	736.903	313.146	42.49%

Les taux de surplus des branches sont respectivement de 42.55 %, 42.57 % et 42.39 %. Ils ne sont pas identiques. De toute évidence les conditions des économistes académiques, jugées incontournables et uniques pour assurer la cohérence des affirmations de MARX, ne sont pas remplies dans cet exemple numérique. Nous pouvons ainsi affirmer qu'au-delà du cas exceptionnel qualifié de *"chemin de croissance de von Neumann"*, il existe d'autres solutions au problème de la transformation des valeurs en prix de production de marché.

Cette solution correspond à un capital engagé dans la troisième branche de 367.9263 unités. Mais elle n'est pas unique. Les solutions sont nombreuses ; pour le démontrer nous allons répéter cette méthode en faisant varier arbitrairement le volume de capital engagé dans une des trois branches (la troisième par exemple).

9.7. La pluralité des solutions

Contrairement au cas examiné dans le chapitre précédent, lequel était constitué d'un système de deux branches et où la solution était unique, nous avons dans le cas d'un système constitué de trois branches plusieurs solutions possibles. L'objectif de ce paragraphe est de montrer cette pluralité des solutions. Ceci peut être fait en faisant varier arbitrairement le volume du capital engagé dans la troisième branche, par exemple $K_3 = 100$, puis 200, puis 300 et enfin 400. Pour chacune de ces valeurs de K_3 nous avons calculé la solution correspondante. Les résultats de nos calculs, réalisés avec le logiciel Xcas, sont regroupés dans le tableau suivant.

Les principales solutions peuvent être représentées dans un graphique à trois dimensions (les coordonnées sont les volumes de capital engagé

TABLE 9.4. – Tableau des principaux cas possibles

Eléments	K_3 100	K_3 200	K_3 300	K_3 400
K_1	412.633	372.654	332.674	292.694
K_2	487.366	427.345	367.325	307.305
K_3	100	200	300	400
r	28.684163	28.683643	28.683131	28.682625
x_1	1.19718	1.197130	1.19708	1.19702
x_2	0.912803	0.912754	0.912706	0.912658
x_3	0.988426	0.988375	0.988324	0.988274
Eléments	K_3 500	K_3 600	K_3 700	K_3 800
K_1	252.714	212.734	172.753	132.773
K_2	247.285	187.265	127.246	67.226
K_3	500	600	700	800
r	28.682126	28.681634	28.681148	28.680670
x_1	1.19697	1.19692	1.19687	1.19681
x_2	0.912611	0.912564	0.912518	0.912472
x_3	0.988225	0.988176	0.988128	0.988080

soit K_1, K_2 et K_3), il apparaît alors que les points qui représentent ces solutions sont alignés.

Ce graphique (réalisé avec le logiciel Grapher) représente les points A à G par leurs coordonnées K_1, K_2 et K_3 , c'est-à-dire les grandeurs des capitaux engagés, évaluées en monnaie, dans les branches 1, 2 et 3 pour chacun des cas étudiés.

Ce qui est remarquable sur ce graphique est l'alignement des points sur la droite D.

Démonstration arithmétique de cet alignement

Selon la théorie mathématique les points B, C et D sont alignés si et seulement si les vecteurs $\vec{BC}$ et $\vec{BD}$ sont colinéaires, c'est-à-dire s'il existe un nombre réel $\acute{\alpha}$ tel que $BC = \acute{\alpha}\ BD$. Le coefficient directeur de $\vec{BC}$ = (39.98, 60.05, 100) et celui de $\vec{BD}$= (79.96, 120.07, 200). Aux erreurs d'arrondis près, il existe le nombre réel 2 tel que $\vec{BC}$=2 $\vec{BD}$. Les points B, C, D sont alignés. Le même raisonnement pourrait être appliqué pour montrer l'alignement du point A avec les autres points.

Les solutions sont ainsi représentées par une droite dont il convient d'établir l'équation cartésienne.

Détermination de l'équation de la droite qui caractérise ces points.

Dans un espace à trois dimensions, il existe plusieurs moyens de décrire une droite, nous avons retenu celle qui la définit par l'intersection de deux plans.

Toutefois il existe une infinité de plans contenant une droite donnée. Une méthode consiste à dire que si un plan contient les deux points $A(x_A; y_A; z_A)$ et $B(x_B; y_B; z_B)$ alors son équation vérifie :

$$ax_A + by_A + cz_A + d = 0$$
$$ax_B + by_B + cz_B + d = 0$$

Si les coordonnées des points A et B sont connues, il est possible de calculer les inconnues a, b, c et d.[6], dans notre cas :

$$-46276.582z + 42580062.379 - 4264.5x - 74262.3y = 0.$$
$$35703.417z + 40994087.620 + 95735.5x - 4263.3y = 0.$$

Par ailleurs si l'on représente toutes les solutions évoquées dans le paragraphe précédent sur un graphe nous pouvons vérifier que les points qui les représentent sont alignés et appartiennent à la droite D, définie par l'intersection des plans P_1 et P_2 .

6. Si l'on considère les points $A(372.64; 427.345; 200)$ et B (332.674 ;367.325 ;300) situés sur la droite D et un point $P_1(-350, 500, 150)$ situés hors de la droite et dont les coordonnées sont arbitraires, l'équation du plan P_1 est $-46276.582z + 42580062.379 - 4264.5x - 74262.3y = 0$.

Si l'on considère à nouveau les points $A(372.64; 427.345; 200)$ et B(332.674 ;367.325 ;300) situés sur la droite D et un autre point $Q(350, -500, 150)$ situés hors de la droite et dont les coordonnées sont arbitraires, l'équation du plan P_2 est $35703.417z + 40994087.620 + 95735.5x - 4263.3y = 0$.

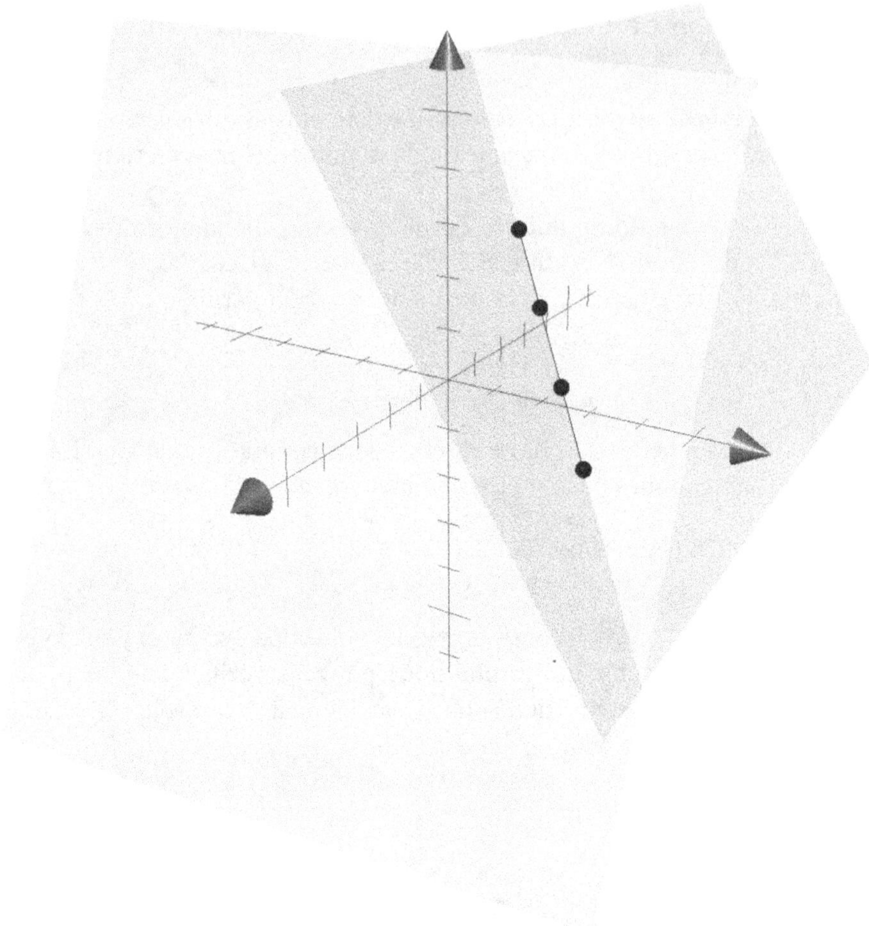

TABLE 9.5. –

Nous nous proposons maintenant de comparer ces résultats à ceux qui correspondent à un taux de surplus identique dans chaque branche

9.8. Une solution particulière

Il est fort improbable que VON NEUMANN, MORISHIMA, SRAFFA et consort accepteraient notre traitement du capital fixe, toutefois nous pouvons illustrer ici quel serait le résultat auquel on aboutirait si l'on appliquait la règle d'un taux de surplus identique dans toutes les branches à notre système économique formé de trois branches.

Il est possible de calculer directement le taux de surplus moyen. Voici la méthode.

Etablissement

Nous nous proposons d'établir ce résultat en croisant l'analyse en termes de coefficients techniques et de tableaux de LEONTIEF.

TABLE 9.9. – Valeurs

Branche	D	E	C	V	S	W
I	K_1a_{11}	K_1a_{12}	K_1a_{13}	K_1a_{14}	K_1a_{15}	K_1a_{16}
II	K_2a_{21}	K_2a_{22}	K_2a_{23}	K_2a_{24}	K_2a_{25}	K_2a_{26}
III	K_3a_{31}	K_3a_{32}	K_3a_{33}	K_3a_{34}	K_3a_{35}	K_3a_{36}
Total	ΣK_ia_{i1}	ΣK_ia_{i2}	ΣK_ia_{i3}	ΣK_ia_{i4}	ΣK_ia_{i5}	ΣK_ia_{i6}

Tableau de Leontief (en valeur)

TABLE 9.6. – Tableau des transactions

Branche	I	II	III	s/total	Surplus	Total
I	K_1a_{12}	K_2a_{22}	K_3a_{32}	ΣK_ia_{i2}	S_2	K_1a_{16}
II	K_1a_{13}	K_2a_{23}	K_3a_{33}	ΣK_ia_{i3}	S_3	K_2a_{26}
III	K_1a_{14}	K_2a_{24}	K_3a_{34}	ΣK_ia_{i4}	S_3	K_3a_{36}
a) Valeur transférée	K_1a_{11}	K_2a_{21}	K_3a_{31}	ΣK_ia_{i1}		
b) Valeur additionnelle	va_1	va_2	va_3	$\sum va_i$	- -	
Total général	K_1a_{16}	K_2a_{26}	K_3a_{36}	-	$\sum S_i$	ΣK_ia_{i6}

Calcul du taux de surplus moyen et de la structure du capital avancé

Analyse

Soit s le taux de surplus moyen. Le tableau de surplus repose sur l'identité selon laquelle le total des consommations productives des branches 1 et 2 multiplié par le coefficient 1+s est égal à la grandeur de la production de chaque branche évaluée soit en valeur soit en prix de production de marché (soit éventuellement en quantités physiques). Sous l'hypothèse d'un système composé de trois branches ceci peut être noté ainsi :

$$\begin{aligned}
[K_1a_{12} &+ K_2a_{22} + K_3a_{32}] \quad (1+s) &= K_1a_{16} \\
[K_1a_{13} &+ K_2a_{23} + K_3a_{33}] \quad (1+s) &= K_2a_{26} \\
[K_1a_{14} &+ K_2a_{24} + K_3a_{34}] \quad (1+s) &= K_2a_{36}
\end{aligned}$$

Expression qui peut être écrite

$$\begin{bmatrix} a_{12}/a_{1\S} & a_{22}/a_{16} & a_{32}/a_{16} \\ a_{13}/a_{26} & a_{23}/a_{26} & a_{33}/a_{26} \\ a_{14}/a_{36} & a_{24}/a_{36} & a_{24}/a_{36} \end{bmatrix} \begin{bmatrix} K_1 \\ K_2 \\ K_3 \end{bmatrix} (1+s) = \begin{bmatrix} K_1 \\ K_2 \\ K_3 \end{bmatrix}$$

Et si l'on note M la matrice $\begin{bmatrix} a_{12}/a_{1\S} & a_{22}/a_{16} & a_{32}/a_{16} \\ a_{13}/a_{26} & a_{23}/a_{26} & a_{33}/a_{26} \\ a_{14}/a_{36} & a_{24}/a_{36} & a_{24}/a_{36} \end{bmatrix}$, nous obtenons :

$$MK = \frac{1}{1+s}K = \lambda K$$

avec $\lambda = \frac{1}{1+s}$.

On reconnait ici une forme de Perron-Frobenius, ce qui nous permet d'affirmer que le taux de surplus moyen peut être calculé à partir de la valeur propre maximale de la matrice M car il vient de l'expression précédente de λ, :

$$1+s = \frac{1}{\lambda_{max}} <=> s = \frac{1}{\lambda_{max}} - 1$$

Afin d'éliminer les solutions qui engendreraient des grandeurs négatives des masses de capitaux engagés dans les branches nous retiendrons la valeur propre maximale de la matrice M, notée λ_{max}.

Par ailleurs la structure du capital avancé est égale au vecteur propre à droite associé à la valeur propre dominante de la matrice M définie ci-dessus.

Résultats numériques

Appliquée à notre exemple numérique, cette méthode nous a permis d'établir des résultats très précis, à savoir :

$$s = 42.4921126804$$

La structure du capital correspondante est la suivante :

$$\begin{aligned} K_1 &= 305.406631287 \\ K_2 &= 326.38876626 \\ K_3 &= 368.204602453 \end{aligned}$$

Ces grandeurs numériques établies directement à l'aide de cette méthode de calcul confortent la justesse de notre procédure itérative inspirée de la méthode de Moore-Penrose dans le cas particulier de taux de surplus identiques dans les branches. Cette méthode fort intéressante pour calculer rapidement un cas particulier manque de généralité car elle passe sous silence les autres cas possibles résumés précédemment.

Le chemin de croissance de von Neumann

TABLE 9.7. – Tableau des surplus en prix

Branche	I	II	III	s/total	Surplus	Total
I	42.651	65.116	71.826	179.593	76.315	255.908
II	65.038	99.295	109.527	273.860	116.370	390.230
III	45.274	129.026	109.167	383.467	120.454	403.921
a) Valeur transférée						
b)Valeur additionnelle	va_1	va_2	va_3		- -	$\sum va_i$
Sous-total					-	
Total général	255.908	390.230	403.921	736.920	313.139	

Dans cet exemple numérique les taux de surplus des trois branches sont les suivants (calculés avec le logiciel Xcas).

TABLE 9.8. – Taux de surplus dans un régime de croissance dit de von NEUMANN

Branche	Surplus	Consommation intermédiaire	Taux de surplus
I	76.315	305.406	42.492 %
II	116.370	326.388	42.492 %
III	120.454	368.205	42.492 %
Moyenne	313.139	736.920	42.492 %

Dans ce cas spécifique le taux de surplus de chaque branche est égal au taux de surplus moyen, ce qui n'est pas le cas général.

Une solution particulière

A la lecture de ces résultats il apparait clairement que la solution définie par le chemin de croissance dit de von NEUMANN est une solution particulière. Afin de facilité la compréhension de ce point fondamental nous présentons maintenant cette solution particulière au regard des cas établis précédemment.

TABLE 9.9. – Tableau des principaux cas possibles

Eléments	K_3 200	K_3 300	Von Neumann	K_3 400	K_3 500
K_1	372.654	332.674	305.4066	292.694	252.714
K_2	427.345	367.325	326.389	307.305	247.285
K_3	200	300	368.204	400	500
r	28.683643	28.683131	28.682785	28.682625	28.682126
x_1	1.197130	1.19708	1.19704	1.19702	1.19697
x_2	0.912754	0.912706	0.912673	0.912658	0.912611
x_3	0.988375	0.988324	0.98829	0.988274	0.988225

Le nouveau point, dit de Von NEUMANN, peut être ajouté au graphique précédent et, comme on pouvait s'y attendre, il est aligné avec les autres.

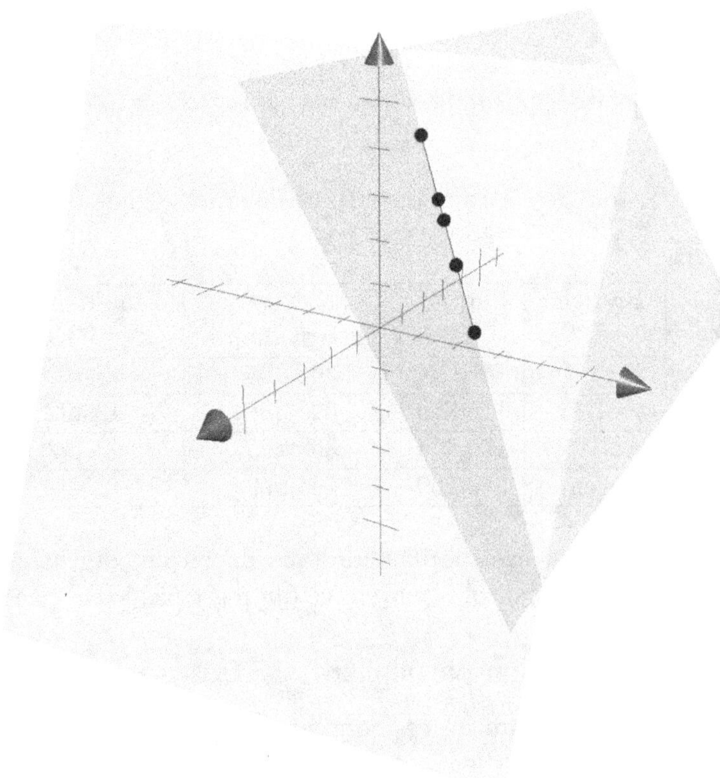

TABLE 9.10. –

9.9. Conclusion

Il est remarquable que les cas 1, 2, 3 et 4 présentés ci-dessus ne correspondent pas aux "cas exceptionnels" énoncés par les auteurs académiques. Les compositions organiques des branches sont toutes différentes ; les taux de rentabilité et de profit ne sont pas nuls ; toute la plus-value n'est pas accumulée dans un régime de croissance optimal et identique dans toutes les branches (régime dit de von NEUMANN) et les taux de surplus ne sont pas égaux dans toutes les branches. Comment expliquer ce résultat ?

Nous avons vu que la procédure récursive consiste à évaluer les éléments des coûts de production (y compris les forces de travail) en termes de prix de production obtenus lors de l'étape précédente et à calculer de nouveau prix de production par péréquation des taux de profit, et ainsi de suite jusqu'à ce que les coûts de production sont tels que les taux de profit en valeur et en prix sont uniformes.

Dans le cadre d'un système à capital fixe, MORISHIMA a démontré que les deux égalités peuvent être préservées au cours de la transformation pourvu que l'on considère les produits des branches corrélatifs d'un taux de croissance équilibrée. Il a montré que la suite des structures des productions Y_t converge vers le vecteur propre à gauche correspondant à la valeur propre maximale de la matrice M quand t tend vers l'infini. Il a ensuite indiqué que cette procédure préservait les deux postulats d'invariance formulés par MARX, celui des valeurs et celui des plus-values ($MY^* = PY^*$ et$MY^* = RY^*$).

Dans son ouvrage de 1995, G. JORLAND a cru bon de préciser, *"Toutefois, ce théorème dépend crucialement de l'existence du vecteur des quantités produites Y*; pour toute autre configuration de la production, seul l'un des deux postulats d'invariance peut être préservé"* ([23], p. 343). Comme nous l'avons montré dans ce chapitre, dans le cadre d'un système avec capital fixe, cette remarque n'est pas exacte. Nous l'avons illustré en proposant plusieurs solutions ne correspondant ni à un chemin de croissance optimal ni à des taux de surplus identiques dans les branches. Il convient maintenant d'expliquer le fondement. Toutes les démonstrations de MORISHIMA reposent sur le respect de l'égalité g = r (le taux de croissance est égal au taux de profit) et il l'applique à toutes les branches. Autrement formulé, le taux de surplus de chaque branche doit être égal à taux de surplus moyen défini précédemment.

Ceci n'est pas le cas dans les différents exemples exposés dans ce chapitre comme le résume le tableau suivant.

TABLE 9.11. – Tableau de quelques taux de surplus

Branche	K_3 100	K_3 200	K_3 300	K_3 M.P	K_3 400
K_1	412.633	372.654	332.674	305.406	292.694
K_2	487.366	427.345	367.325	326.388	307.305
K_3	100	200	300	368.205	400
S_1	171.411	135.951	100.495	76.313	65.041
S_2	316.853	135.951	167.346	116.369	92.606
S_3	-173.806	-64.082	45.629	120.452	155.330
Surplus	314.458	313.964	313.471	313.135	312.978
Taux s_1	98.294	77.102	56.373	42.492	36.091
Taux s_2	119.152	90.037	61.560	42.492	33.699
Taux s_3	-61.302	-22.603	16.096	42.492	54.795
Tx moyen	43.444	43.085	42.731	42.492	42.382

La solution proposée par les auteurs académiques constitue une solution mathématique intéressante au problème quand il est posé dans le cadre d'uns système à capital circulant mais n'est pas la seule. Ceci illustre les limites d'une utilisation d'une boîte à outil mathématique qui peut être adaptée pour la résolution de certains problèmes (formulés dans le cadre de systèmes homogènes des modèles à capital circulant) mais pas à d'autres (notamment les modèles singuliers à capital fixe).

Le tableau des taux de surplus montre aussi que les surplus de la troisième branche sont négatifs dans les cas 1 et 2. Ces systèmes sont structurellement déséquilibrés et ne sont pas viables économiquement.

Pour dépasser cette difficulté nous conviendrons dans les développements à venir que les branches qui produisent des biens non accumulables (les consommations intermédiaires dont l'énergie et les matières premières) n'ont pas vocation à dégager un surplus stocké. La production de ces branches durant un exercice sera « en moyenne » posée égale à la consommation productive courante (hors stocks de sécurité). Nous admettrons que seules les branches qui produisent les biens de luxe et les moyens de production dégagent un surplus. Et en outre que seuls les biens durables dont la durée de vie est supérieure à un exercice (bâtiments, machines, etc.) sont accumulés.

Dans le prochain chapitre nous examinons un exemple plus complet qui prend en considération une économie composée de quatre branches.

Ceci nous permettra d'introduire la branche qui produit des moyens de production (bâtiment, machines, etc.), financés par la part des fonds que l'on nomme capital fixe et d'examiner comment cette branche intervient dans le processus de transformation des valeurs en prix de production.

10. Le corollaire de Bortkiewicz

"En d'autres termes la composition organique du capital du département III (produits de luxe) ne joue aucun rôle direct dans la détermination du taux de profit. C'est le résultat d'un intérêt théorique considérable. Cela signifie essentiellement que le taux de profit ne dépend que des conditions de production existant dans les industries qui contribuent directement ou indirectement à la constitution des salaires réels. Les conditions existant dans les industries destinées uniquement à la consommation des capitalistes ne sont pertinentes que dans la mesure où elles influencent les conditions dans les industries de biens salariés. MARX *aurait convenu que cette proposition était valable en ce qui concerne le taux de plus-value, mais sa méthode de transformation des valeurs en prix lui a fait croire qu'elle ne s'appliquait pas au taux de profit. Comme* BORTKIEWICZ *l'a souligné, cependant, le résultat est en accord avec la théorie des profits de* RICARDO, *et la critique de* MARX *à l'égard de* RICARDO *à ce sujet était injustifiée."*[1]

Nous considérons dans ce chapitre une formation sociale constituée de différentes classes : principalement la classe des producteurs directs, la classe des propriétaires des moyens de production et les classes improductives. Les producteurs directs ne sont pas propriétaires des moyens de production et sont contraints de vendre leur capacité à faire fonctionner le système productif sur le marché du travail pour survivre. Les propriétaires des moyens de production sont juridiquement reconnus comme les propriétaires des marchandises produites par les producteurs directs (biens ou services) et s'approprient ainsi la plus-value dégagée lors du cycle du capital productif.

Le système économique décrit dans ce chapitre est constitué de cinq banches.

1. SWEEZY, The Theory of Capitalist Development, Principles of Marxian Political Economy, Paul M. Sweezy,1942, p. 123 et s.

1. La première branche produit des machines, la production courante de cette branche couvre le remplacement des machines usées (croissance zéro) ou éventuellement, si la quantité produite est suffisante, une accumulation (reproduction élargie).
2. La seconde branche fournit de l'énergie qui permet aux machines de fonctionner (charbon, pétrole ou électricité). Ce type de marchandises n'a pas vocation à être stockée, aussi nous supposerons que la grandeur de la production de ce type de marchandises couvre juste les besoins courants de toutes les branches durant la période considérée.
3. La troisième approvisionne l'économie en matières premières. Ce type de marchandises aussi n'a pas vocation à être stockée, nous supposerons donc que la grandeur de sa production couvre juste les besoins courants de la période pour toutes les branches (aux stocks de sécurité près).
4. La quatrième élabore des biens de consommation courante (blé) consommés par les travailleurs productifs, les classes dominantes (les capitalistes et les rentiers) et les classes improductives (personnel de service, fonctionnaires, militaires, etc.).
5. La cinquième pourvoit en biens de luxe qui sont consommés exclusivement par la classe des capitalistes. La production de luxe peut être nulle si les capitalistes optent pour une accumulation maximale au détriment de leur propre consommation en biens de confort (système d'accumulation optimale). Inversement ils peuvent optimiser la consommation de produits de luxe au détriment de la croissance de l'économie. Nous admettrons néanmoins qu'il existe un seuil où la production d'immobilisations est juste suffisante pour couvrir le remplacement des immobilisations rebutées, sous cette hypothèse l'accumulation est nulle et nous qualifierons cet état de reproduction simple. En dessous de ce seuil l'économie n'est pas viable à terme. Ces deux cas extrêmes seront examinés mais nous envisagerons aussi les cas intermédiaires.

Ce chapitre est caractérisé par un traitement nouveau du capital fixe. Comme précédemment les branches qui forment le système économique utilisent des moyens de production dont la durée de vie est supérieure à un exercice mais maintenant nous admettons que ceux-ci sont produits par la première branche ; ils ne sont plus importés comme nous le supposions précédemment.

En outre, à la lumière des résultats établis, nous commentons le corollaire de BORTKIEWICZ selon lequel seules les branches fondamentales déterminent la grandeur du taux de profit.

Dans ce texte nous montrons les limites de ce corollaire. Il s'applique dans quelques cas particuliers (les systèmes homogènes) mais perd sa signification dans le cas général caractérisé par une utilisation massive de machines (dont l'acquisition a été financée avec du capital fixe). Préalablement dans un premier paragraphe nous rappelons les principales caractéristiques du cycle du capital fixe puis dans un second paragraphe nous présentons le modèle analytique adapté à cinq branches enfin dans un troisième paragraphe nous développons des exemples numériques.

10.1. Le cycle du capital fixe

Cette question a été largement développée dans le chapitre deux de cet ouvrage aussi évoquerons-nous ici seulement l'essentiel des résultats obtenus.

Du côté de l'acheteur de machines le cycle du capital fixe est le suivant :

Moyens financiers nécessaires à l'acquisition de la machine → Achat de la machine au prix courant → Incorporation de la machine dans la combinaison productive → Imputation du prix d'acquisition de la machine sur les prix de revient des marchandises produites → Transfert progressif du quantum de valeur correspondant au capital fixe par fractions égales pendant toute la durée normale d'utilisation de la machine (par exemple dix ans) → Reconstitution du stock de capital sous forme monétaire dans sa part dite "fixe".

Le capital fixe, en tant que moyen financier, équivaut à la masse d'argent (des euros) qui a été nécessaire pour l'acquisition de la machine au prix courant de l'année de sa production. L'investisseur récupérera les fonds engagés sur la durée de vie des immobilisations par des prélèvements réguliers sur les ventes. Le montant de l'annuité (le remboursement du "principal") est indépendant des techniques comptables ou fiscales d'amortissement de l'immobilisation considérée.

La durée du cycle du capital fixe est *pluriannuelle* alors que celles des matières premières, de l'énergie et de la force de travail sont annuelles ou intra-annuelles (quelques mois par exemple).

Les machines utilisées durant la période de production considérées (l'année est généralement retenue) ont été produites lors des périodes antérieures.

Toutefois nous pourrions imaginer que certaines machines produites durant le premier semestre de l'année sont utilisées en production durant le second semestre de l'année. Et s'il advenait que certaines machines étaient produites et utilisées durant la même période celles-ci seraient considérées comme du capital circulant. La fraction de cette production de machines devrait alors être traitée séparément car son prix de production serait établi durant la période de production mais pour ne point alourdir la présentation nous avons négligé cette hypothèse.

Il nous faut préalablement souligner qu'une économie ne renouvelle jamais la totalité de ses bâtiments, de ses machines et de ses outillages à chaque période de production. Le renouvellement se fait par fraction (ici 1/10e).

Inversement il existe toujours majorité de machines qui a été produite préalablement à l'ouverture du nouvel exercice. S'il n'y en avait qu'une, cette situation serait suffisante pour changer la nature du système analytique. Et ce dernier serait un système d'équations linéaires avec second membre (de la forme générale $AX = B$) et non un système homogène ($AX = 0$) comme le suppose généralement les auteurs académiques.

10.2. Modèle analytique

Nous utilisons les mêmes coefficients que précédemment. De façon très synthétique le système analytique dont la forme générale est $AX = B$, s'écrit :

$$A = \begin{bmatrix} -K_1a_{16} & K_1a_{12}t & K_1a_{13}t & K_1a_{14}t & 0 \\ 0 & K_2(e_2t - w_2) & K_2c_2t & K_2v_2t & 0 \\ 0 & K_3e_3t & K_3(ct - w_3) & K_3v_3t & 0 \\ 0 & K_4e_4t & K_4c_4t & K_4(v_4t - w_4) & 0 \\ 0 & K_5e_5t & K_5c_5t & K_5v_5t & -K_5w_5 \\ K_1w_1 & K_2w_2 & K_3w_3 & K_4w_4 & K_5w_5 \\ T_{71} & T_{72} & T_{73} & T_{74} & T_{75} \end{bmatrix}$$

avec

$$\begin{aligned} T_{71} &= K_1a_{16} \\ T_{72} &= K_2a_{26} \quad -K_1a_{12} \quad -K_2a_{22} \quad -K_3a_{32} \quad -K_4a_{42} \\ T_{73} &= K_3a_{36} \quad -K_1a_{13} \quad -K_2a_{23} \quad -K_3a_{33} \quad -K_4a_{43} \\ T_{74} &= K_4a_{46} \quad -K_1a_{14} \quad -K_2a_{24} \quad -K_3a_{34} \quad -K_4a_{44} \\ T_{75} &= K_4a_{56} \end{aligned}$$

et

$$B = \begin{bmatrix} -K_1(f_1 r - d_1) \\ -K_2(f_2 r - d_2) \\ -K_3(f_3 r - d_3) \\ -K_4(f_4 r - d_4) \\ -K_5(f_5 r - d_5) \\ \Sigma K_i w_i \\ \Sigma K_i a_{i5} + \Sigma K_i a_{i1} \end{bmatrix}$$

Ce système comporte sept équations pour cinq inconnues (les coefficients de transformation), il est surdéterminé et insoluble par les méthodes standards. Nous chercherons des solutions approchées par la méthode de MOORE et PENROSE.

La solution du système complet est la même que précédemment, soit $X \approx A^{\dagger}B$, sachant que $A^{\dagger} = (AA^T)^{-1}A^T$ est le pseudo-inverse de MOORE et PENROSE (cette notion a été présentée au chapitre 6 de cet ouvrage).

Nous utilisons la méthode itérative exposée dans le chapitre 7 pour résoudre ce système à sept équations mais pour ne pas alourdir la rédaction nous ne présenterons ici que les résultats finaux du processus itératif.

Un exemple numérique est maintenant commenté.

10.3. Les exemples numériques

La méthode de construction de ces exemples numériques à partir des chiffres donnés par MARX dans le chapitre IX livre III du *Capital* mais adaptés pour incorporer le capital fixe a été présentée dans le chapitre 6 du présent ouvrage auquel nous renvoyons le lecteur pour toute information complémentaire. Nous reproduisons ici simplement les données initiales qui servent de base à notre exemple numérique.

Données initiales

Cet exemple numérique comporte cinq branches. Comme indiqué précédemment les montants du capital fixe et du capital circulant ont été calculés de façon à maintenir les hypothèses de MARX concernant les grandeurs du capital avancé, du capital constant consommé et des coûts de production. Nous avons admis que le capital fixe est reconstitué chaque année par fraction durant une période de dix ans (ce qui constitue une hypothèse nouvelle car MARX ne précise rien de tel). Cette période correspond à la durée de vie moyenne des immobilisations acquises avec ces fonds. Le tableau de la répartition du capital par branche est le suivant. suivant.

TABLE 10.1. – Répartition du capital total

Branche	Capital					
	Total	Constant Total	dont Machine	dont Énergie	dont Mat. Prem.	Capital variable
I	100	80	33.33	15.56	31.11	20
II	100	85	5.000	11.67	23.33	15
III	100	60	10.00	16.67	33.33	40
IV	100	70	21.11	16.30	32.59	30
V	100	95	94.44	0.19	0.37	5

Les coefficients de production

Toutes ces considérations nous conduisent à définir des coefficients de production, ceux-ci sont calculés pour un montant de capital avancé égal à 100 dans chaque branche.

TABLE 10.1. – Tableau des coefficients de production

Branche	Récup. cap. fixe	Énergie	Matières premières	Biens de consom.	Plus -value	Valeur des Produits
	d_i	e_i	c_i	v_i	pl_i	w_i
I	3.333	15.566	31.111	20	20	90
II	5.000	11.667	23.333	15	15	70
III	1.000	16.667	33.333	40	40	131
IV	2.111	16.300	32.590	30	30	111
V	9.444	0.190	0.370	5	5	20

A partir de ces éléments il convient de calculer les coefficients de transformation des valeurs en prix de production selon le mode opératoire suivant :

1. Dans l'hypothèse d'une transformation totale, les prix de production sont calculés à partir des valeurs par la méthode de MOORE-PENROSE grâce à un système complet qui cumule les cinq équations de production et les deux conditions pour une répartition quelconque du capital, K_0.

2. Les prix ainsi obtenus P_t sont considérés comme les prix pratiqués dans l'économie réelle et sont utilisés pour calculer les taux de rentabilité des branches, r_t.
3. Du fait de la concurrence des capitaux, si les taux de rentabilité des branches calculés précédemment sont différents, une fraction du capital est transférée vers les activités les plus rentables et la répartition du capital en est modifiée, la nouvelle répartition est notée K_t.
4. Les prix, les taux de rentabilité et les structures du capital sont recalculés selon cette procédure à chaque pas de l'itération.
5. L'itération est poursuivie jusqu'à ce que les écarts de rentabilité entre les branches soient négligeables, ce qui met un terme aux mouvements de capitaux. Les prix ainsi établis respectent les contraintes et sont qualifiés de *prix de production de marché.*

Nous appliquons ce mode opératoire à différents cas (reproduction simple, accumulation optimale et cas intermédiaires). Nous présentons d'abord le cas où la production de biens de luxe est nulle et correspond à une économie formée de quatre branches. A ce titre il mérite d'être présenté en le premier (accumulation optimale, paragraphe 11.4.1).

Le second cas que nous étudierons correspond à la situation dans laquelle la production de la première branche est juste suffisante pour remplacer les immobilisations qui ont été rebutées durant la période en raison de leur âge. Il correspond aussi à une reproduction simple et à une optimisation de la consommation de biens de luxe par la classe capitaliste (paragraphe 10.4.2).

Dans le paragraphe suivant nous montrerons qu'il existe une infinité de solutions intermédiaires entre ces deux cas extrêmes, nous en exposons une à titre d'exemple (paragraphe 10.3.3).

10.4. L'accumulation optimale

Afin de ne pas alourdir l'exposé nous ne présentons pas les calculs intermédiaires du processus itératif (décrit dans les chapitres précédents) mais seulement les résultats définitifs calculés à l'aide d'un tableur (Libre Office) et du logiciel Xcas.

Selon nos calculs, un résultat satisfaisant a été obtenu après plusieurs itérations, pour la répartition suivante du capital entre les branches (dont le montant total est égal à 1 000 milliards de d'euros) :

TABLE 10.2. – Répartition du capital

Branche	I	II	III	IV	Total
K_i	37.3035	219.15436	234.21077	509.33137	1.000

Les itérations ont été arrêtées lorsque les cinq premiers chiffres après la virgule des quatre taux de rentabilités (r=28,68175 %) sont devenus identiques. A partir des ces grandeurs des capitaux avancés dans les branches et des coefficients de production rappelés ci-dessus, il est aisé de construire le tableau des productions des branches évaluées en valeur.

TABLE 10.3. – Système en valeur

Branche	D_i	E_i	C_i	V_i	S_i	W_i
I	1.243	5.802	11.605	7.460	7.460	33.573
II	10.957	25.568	51.136	32.873	32.873	153.408
III	2.342	39.035	78.070	93.684	93.684	306.816
IV	10.752	83.002	166.004	152.799	152.799	565.357
Total	25.295	153.408	306.816	286.817	286.816	1 059.154

Le taux de profit est égal 28,6817%.

A partir de ces données et à l'aide de la formule établie précédemment $X \approx A^{\dagger}B$, sachant que $A^{\dagger} = (AA^T)^{-1}A^T$, les coefficients de transformation peuvent être calculés. Les résultats obtenus sont les suivants :

TABLE 10.4. – Tableau des coefficients de transformation

Branche	Production	Symbole	Coefficients
I	Machines	x_1	1.097998
II	Énergie	x_2	1.196932
III	Matières premières	x_3	0.912575
IV	Biens de consommation	x_4	0.988188

Ces coefficients nous permettent d'établir le système en prix de marché suivant.

Le système en prix de production de marché

TABLE 10.5. – Système en prix

Branche	D_i	x_2e_i	x_3c_i	x_4v_i	π	x_iw_i
I	1.243	6.945	10.590	7.372	10.710	36.863
II	10.957	30.603	46.665	32.484	62.907	183.619
III	2.342	46.722	71.245	92.577	67.105	279.992
IV	10.752	99.348	151.491	150.994	146.093	558.679
Total	25.295	183.619	279.992	283.427	286.816	1 059.154

La précision des calculs

Bien qu'il s'agisse toujours de résultats approximatifs, les écarts entre le terme de gauche et le terme de droite de nos équations ($Ecarts = AX - B$) sont devenus négligeables [2]. Les transferts de capitaux entre les branches cessent.

Les tableaux ci-dessus ont été établis après des transferts de capitaux vers la situation d'équilibre et représentent les deux faces d'une même réalité, dont les grandeurs sont mesurées à un même moment du temps (par exemple en fin d'année) :

1. le premier tableau (Tableau 10.5) fait figurer des grandeurs (coûts de production d'un côté et valeurs des marchandises de l'autre) qui se seraient établies s'il n'y avait pas eu de péréquation de la plus-value entre les branches ; nous mesurons ici directement les montants réels de plus-value qui se sont dégagés durant le cycle du capital-productif (par conséquent durant le processus de production, ici un an) dans chacune des branches. Nous vérifions que le taux de plus value dans chaque branche est de 100% ;
2. le second tableau (Tableau 10.6) indique au contraire l'empreinte de la péréquation de la plus-value totale entre les branches et la façon dont les grandeurs de valeur se transforment en prix de production de marché. Le résultat - un taux de profit uniforme entre

2. La grandeur exacte des écarts est la suivante :

Équations	Écarts
Première	-5.845856-e07
Deuxième	8.34473e-07
Troisième	8.3442409e-07
Quatrième	1.499629-e07
Cinquième	3.062814-e07
Sixième	-8.908737e-07

les branches - s'établit grâce à des transferts de plus-value entre branches. Ce taux de rentabilté est égal pour chacune des branches et donc pour l'économie entière (28,68175%). Nous voyons clairement ici la domination du cycle du capital-argent (formation du profit) sur le cycle du capital productif (production de plus-value).

Commentaires des résultats

Aux termes de cette opération de transformation, nous constatons tout d'abord que les deux identités remarquables sont vérifiées (ce qu'aucun des auteurs avant nous n'avait pu établir en présence de capital fixe) :
- la somme des profits à l'échelle de l'économie entière est égale à la somme des plus-values (soit 286.816) ;
- la somme de la production totale de toutes les branches exprimée en valeur est égale à ce même agrégat exprimé en prix de production de marché (soit 1 059.154).

Mais ce qui est encore plus remarquable c'est que ces résultats ne correspondent à aucun des cas exceptionnels évoqués par les économistes académiques, à savoir, les compositions organiques des branches sont différentes, les taux de croissance ne sont pas identiques dans les branches, les taux de surplus (au sens de MAURISSON) sont différents et varient de zéro pour les branches une, deux et trois à 100,46% pour la branche quatre.

Les équilibres fondamentaux correspondants aux besoins sociaux d'une reproduction (ici d'une reproduction élargie) sont respectés. Pour le montrer, nous nous appuierons sur le Tableau 10.6, en vérifiant l'équilibre entre l'offre de chaque branche et la demande correspondante, cahque terme étant évalué en prix de production de marché :

1. branche I : la production de machines (38.863 milliards d'euros) est égale à la somme de deux éléments : la demande de remplacement des machines usées qui provient des cinq branches (1.243 + 10.957 + 2.342 +10.752 = 25.294 à laquelle il faut ajouter la demande pour l'investissement nouveau (13.569) ;
2. branche II : la production d'énergie (183.619) est égale à la demande de consommation productive de chacune des quatre branches (6.945 + 30.603 + 46.722 + 99.348) ;
3. branche III : l'offre de matières premières (279.992) est égale à la demande des autres branches (7.372 + 32.484 + 92.577 + 150.994) ;
4. branche IV : la production de biens de consommation (558.679) correspond, d'une part, aux besoins des travailleurs productifs des

quatre branches dont les salaires s'élèvent à 283.430, et, d'autre part, à la consommation de produits de base de la classe dominante (les capitalistes et rentiers) et des classes improductives (personnel de service, fonctionnaires, militaires, etc.), soit 275.249.

Dans ce paragraphe, nous avons présenté un cas extrême qui correspond à une production dans la première branche supérieure aux besoins nécessaires pour renouveler les machines rebutées et une production de biens de luxe nulle. Il caractérise une accumulation optimale d'immobilisations.

Dans le prochain paragraphe nous exposons une situation où la production de la première branche est juste suffisante pour remplacer les immobilisations qui ont été rebutées durant la période de production en raison de leur âge. Il n'y a pas d' accumulation de capital fixe au-delà du simple remplacement des immobilisations rebutées. Le financement correspond à la reconstitution des fonds par l'intermédiaire des mécanismes d'amortissement. Nous qualifions ce cas de reproduction simple.

10.5. La reproduction simple

Jusqu'à présent nous avons supposé qu'il n'y avait pas de production de biens de luxe. Examinons maintenant le cas où la production de la cinquième branche n'est pas nulle.

Le mode opératoire pour construire ce tableau est le suivant : à partir des résultats numériques obtenus dans le chapitre précédent, la production de la cinquième branche est progressivement incrémentée jusqu'à ce que la production de la première branche (les machines) soit juste suffisante pour subvenir au remplacement des machines usées pendant la période (reproduction simple). A chaque pas les rééquilibrages de la répartition du capital entre les branches sont effectués. Le processus est arrêté quand le fonds d'amortissement est égal à la production de la première branche, évaluée en prix de production.

Au terme de ce processus le capital engagé est réparti entre les branches de la façon suivante :

TABLE 10.6. – Répartition du capital en milliards d'euros

Branche	I	II	III	IV	V	Total
K_i	25.7921	218.23727	233,.23067	517.98496	4.755	1.000

Ces grandeurs nous permettent de construire le tableau des valeurs

TABLE 10.7. – Valeurs

Branche	Récupération du capital fixe	Energie	Matières premières	Biens de consom.	Plus-value	Produits
	d_i	e_i	c_i	v_i	pl_i	w_i
I	0.859	4.012	8.024	5.158	5.158	23.212
II	10.911	25.461	50.922	32.735	32.735	152.766
III	2.332	38.871	77.743	93.292	93.292	305.532
IV	10.935	84.412	168.824	155.395	155.394	574.963
V	0.449	0.008	0.017	0.237	0.237	0.951
Total	25.488	152.76	305.52	286.830	286.8176	1 057.425

De la même manière que précédemment, les coefficients de transformation peuvent être calculés et les résultats obtenus regroupés dans le tableau suivant :

TABLE 10.8. – Tableau des coefficients de transformation

Branche	Production	Symbole	Coefficients
I	Machines	x_1	1,098018
II	Énergie	x_2	1,196953
III	Matières premières	x_3	0,912593
IV	Biens de consommation	x_4	0,988207
V	Biens ds luxe	x_5	2,180568

Prix de production de marché :

TABLE 10.9. – En prix de production de marché

Branches	Coût de production				Profit	P.P.M
	a_i	x_2e_i	x_3c_i	x_4v_i	π_i	x_iw_i
I	0.859	4.802	7.322	5.097	7.405	25.488
II	10.911	30.475	46.471	32.349	62.645	182.853
III	2.332	46.527	70.948	92.192	66.826	278.826
IV	10.935	101.037	154.068	153.562	148.578	568.182
V	0.449	0.010	0.016	0.234	1.363	2.073
Total	25.488	182.853	278.825	283.434	286.819	1 057.425

Comme précédemment nous pouvons tout d'abord vérifier que le montant du capital engagé, exprimé en prix de production de marché est égal à 1 000 millions d'euros, conformément à notre hypothèse initiale [3].

De même le total des profits (283,43 millions d'euros) est égal au montant total de la plus-value.

De plus, la grandeur de la production totale de l'économie exprimée en prix de production de marché (1 057,42 millions d'euros) est égale au même élément valorisé en valeur.

Tout comme précédemment l'analyse de la circulation doit être développée au niveau du lot de marchandises de même espèce, c'est-à-dire, ici, au niveau de chaque branche.

L'offre de machines est évaluée par la grandeur de la production de la première branche : celle-ci s'élève à 25,488 millions d'euros. Elle est strictement égale à la demande de remplacement des machines usées qui provient des cinq branches :

(0,859 + 10,911 + 2,332 + 10,935 + 0,449 = 25,488 millions d'euros).

L'offre de la branche II qui produit de l'énergie (182,853 millions d'euros) est égale à la demande d'énergie des cinq branches [4]

L'offre de la branche III qui fournit les matières premières (278,826 millions d'euros) est égale aux demandes de matières premières des cinq branches [5]

L'offre de la branche IV qui produit les biens de consommation courante s'établit à 568,182 millions d'euros. Elle est égale à la somme de deux éléments : la demande des ouvriers des cinq branches [6] qui corres-

3. 25,79f+ 218,23e +233,23c+517,98v+4,75=1000
4. 4,802+30,475+46,527+101,037 + 0,010 = 182,853
5. 7,322+46,471+70,948+154,068+ 0,016
6. 5,09+32,349+92,192+153,562+0,234=283,434 millions d'euros

pond aux salaires versés en contrepartie du droit d'utilisation des forces de travail par les capitalistes durant un exercice, et la consommation de biens de consommation courante des classes improductives qui est égale à la masse de profit diminuée de la part consacrée à la consommation de biens de luxe [7]. Les transactions sont équilibrées au niveau de chaque branche bien que les marchandises soient valorisées à leurs prix de production de marché. Le montant total des profits (286,83 millions d'euros) est réparti en : 2,073 millions d'euros de consommations de biens de luxe et 274,76 millions d'euros de biens de consommation courante des classes improductives (capitalistes, armée, police, justice, etc.).

Enfin, l'offre la branche V (2,073 millions d'euros) est égale à la demande en biens de luxe provenant des capitalistes des cinq branches et correspond aux parts des plus-values non consacrées à la consommation courante des classes improductives.

10.6. Un cas intermédiaire

Les branches qui fournissent l'énergie et les matières premières produisent uniquement les quantités demandées pour la consommation productive. La production de biens de consommation courante dépasse les stricts besoins des salariés (les producteurs directs), l'excédent est consommé par les classes non productives (personnel de service, fonctionnaires, militaires, etc.).

Afin de ne pas alourdir l'exposé nous ne présentons pas les calculs intermédiaires mais seulement les résultats définitifs calculés selon ma même méthode que celle qui a été utilisée lors des cas précédents.

La meilleure solution approchée

Selon nos calculs, un résultat satisfaisant peut-être obtenu après plusieurs itérations, pour la répartition suivante du capital entre les branches (dont le montant total est égal à 1 000 millions d'euros) :

TABLE 10.10. – Répartition du capital

Branche	I	II	III	IV	V
K_i	30.000	218.572	233.588	514.821	3.016

7. 286,83-2,07=284,76

Les itérations ont été arrêtées lorsque les quatre premiers chiffres après la virgule des deux taux de rentabilités sont devenus identiques (r=28,681896 %).

TABLE 10.11. – Système en valeur

Branche	D_i	E_i	C_i	V_i	S_i	W_i
I	1.000	4.666	9.333	6.000	6.000	27.000
II	10.928	25.500	51.000	32.785	32.785	153.000
III	2.335	38.931	77.862	93.435	93.435	306.001
IV	10.868	83.896	167.793	154.446	154.446	571.451
V	0.284	0.005	0.011	0.150	0.150	0.603
Total	25.417	153.000	306.001	286.818	286.818	1 058.057

Rappelons que le taux d'exploitation est égal à 100%.

De la même manière que précédemment, les coefficients de transformation peuvent être calculés et les résultats obtenus regroupés dans le tableau suivant :

TABLE 10.12. – Tableau des coefficients de transformation

Branche	Production	Symbole	Coefficients
I	Machines	x_1	1,098012
II	Énergie	x_2	1,196945
III	Matières premières	x_3	0,912587
IV	Biens de consommation	x_4	0,988200
V	Biens ds luxe	x_5	2,180608

TABLE 10.13. – Système en prix

Branche	D_i	x_2e_i	x_3c_i	x_4v_i	π	x_iw_i
I	1.000	5.585	8.517	5.929	8.613	29.646
II	10.928	30.522	46.542	32.399	62.741	183.133
III	2.335	46.598	71.056	92.333	66.928	279.253
IV	10.868	100.419	153.126	152.624	147.670	564.708
V	0.284	0.006	0.012	0.149	0.864	1.315
Total	25.417	183.133	279.253	283.434	286.818	1 058.057

Bien qu'il s'agisse toujours de résultats approximatifs, les écarts ($Ecarts =$

$AX - B$) sont devenus négligeables (chiffres arrondis) [8].

Les tableaux 10.15 et 10.16 ont été établis après des transferts de capitaux vers la situation d'équilibre et représentent les deux faces d'une même réalité, dont les grandeurs sont mesurées à un même moment du temps (par exemple en fin d'année) :

1. le premier tableau (Tableau 10.15) fait figurer des grandeurs (coûts de production d'un côté et valeurs des marchandises de l'autre) qui se seraient établies s'il n'y avait pas eu de péréquation de la plus-value entre les branches; nous mesurons ici directement les montants réels de plus-value qui se sont dégagés durant le cycle du capital-productif (par conséquent durant le processus de production, ici un an) dans chacune des branches. Nous vérifions que le taux de plus value est de 100%.
2. le second tableau (Tableau 10.16) indique au contraire l'empreinte de la péréquation de la plus-value totale entre les branches et la façon dont les grandeurs de valeur se transforment en prix de production de marché. Le résultat - un taux de profit uniforme entre les branches - s'établit grâce à des transferts de plus-value entre branches. Ce taux de profit uniforme est égal pour chacune des branches et donc pour l'économie entière (28,681%). Nous voyons clairement ici la domination du cycle du capital-argent (formation du profit) sur le cycle du capital productif (production de plus-value).

Dans cette opération de transformation, nous constatons tout d'abord que les deux identités remarquables et fondamentales sont bien vérifiées (ce qu'aucun des auteurs antérieurs n'avait pu établir en présence d'un système avec capital fixe) :

- la somme des profits à l'échelle de l'économie entière est égale à la somme des plus-values (soit 286.818);

- la somme de la production totale de toutes les branches exprimée en valeur est égale à ce même agrégat exprimé en prix de production de marché (soit 1 058.057).

8. La grandeur exacte des écarts est la suivante :

Équations	Écarts
Première	1.6707 e-07
Deuxième	-3.1048 e-07
Troisième	-3.1048 e-07
Quatrième	-7.6922 e-08
Cinquième	1.6707 e-07
Sixième	-9.4529 e-08
Septième	2.6115 e-06

Mais ce qui est encore plus remarquable c'est que ces résultats ne correspondent à aucun des cas exceptionnels évoqués par les économistes académiques, à savoir, les compositions organiques des branches sont différentes, les taux de croissance ne sont pas identiques dans les branches, les taux de surplus (au sens de MAURISSON) sont différents et varient de zéro pour les branches une, deux et trois à 100,46% pour la branche quatre.

Une circulation équilibrée des marchandises

Les équilibres fondamentaux correspondants aux besoins sociaux d'une reproduction (ici d'une reproduction élargie) sont respectés. Pour le montrer, nous nous appuierons sur le Tableau 16, en vérifiant l'équilibre entre l'offre productive de chaque branche et la demande correspondante, évaluées en prix de production de marché :

1. Branche I : la production de machines (29.646 millions d'euros) est égale à la somme de deux éléments : la demande de remplacement des machines usées qui provient des cinq branches[9]à laquelle il faut ajouter la demande pour l'investissement nouveau (4.229).
2. Branche II : la production de l'énergie (183.133) est égale à la demande de consommation productive de chacune des cinq branches[10].
3. Branche III : l'offre de matières premières (279.253) est égale à la demande des autres branches[11] ;
4. Branche IV : la production de biens de consommation (564.709) correspond, d'une part, aux besoins des salariés des cinq branches[12] et, d'autre part, à la consommation de produits de base des classes dominantes (les capitalistes et rentiers) et des classes improductives (personnel de service, fonctionnaires, militaires, etc. : 286.818 - 4.229 -1.315 =281.274).
5. Branche V : la consommation de produits de luxe par les propriétaires du capital (3.315) correspond au total des profits (286.818) diminué de l'investissement net (4.229) et de la consommation des classes non productives (281.274).

Dans les paragraphes précédents nous avons exposé trois cas différents qui répondent à nos préoccupations. Nous insistons maintenant sur la

9. 1000+10.928+2.235+10.868+0.284=25.417
10. 5.585+30.522+46.598+100.420+0.006
11. 8.515+46.542+71.056+153.126+0.010
12. Les salaires s'élèvent à 5.929+32.391+92.333+152.624+0.149=283.434

pluralité des solutions et nous montrons que l'introduction d'une branche qui produit des biens de luxe affecte la grandeur du taux de profit, contrairement à l'opinion la plus répandue.

10.7. La réfutation du corollaire de von Bortkiewicz

Les développements qui précèdent permettent une réfutation de ce qu'il convient d'appeler le corollaire de von BORTKIEWICZ selon lequel seules les branches fondamentales déterminent le taux de profit.

Exposé du corollaire

Il est connu que la doctrine de L. von BORTKIEWICZ est établie en 1907 à l'aide d'un système à capital circulant et de reproduction simple [68]. Dans ce cadre conceptuel étriqué, l'une des particularités de l'analyse est que le taux de profit ne dépend que des conditions de production des branches qui produisent, directement ou indirectement, les biens de subsistances et les moyens de production. En effet, puisque dans l'équation d'où se déduit le taux de profit, n'entre aucun coefficient relatif à la branche des biens de luxe, il en résulte que le taux de profit ne dépend que des conditions de production des branches dites fondamentales. L. von BORTKIEWICZ en tirait la conclusion qu'il n'y a pas de relation nécessaire entre la composition organique moyenne du capital et taux de profit. En effet, selon cette analyse, si la composition organique du capital de la branche III augmente, la composition moyenne augmentera aussi sans que le taux de profit ne change étant donné qu'il ne dépend pas des conditions de production de cette branche. Cette propriété n'a pas échappé à P. SWEEZY qui le baptisa : *«corollaire de L. von* BORTKIEWICZ*»*.[62]

Dans cet extrait de son ouvrage de 1983 G. FACCARELLO résume cette opinion : "*Il suffit de comparer les formules de* MARX *et* BORTKIEWICZ *permettant de déterminer le taux uniforme des profits pour remarquer que si chez Marx les éléments appartenant à tous les secteurs de l'économie y figurent, c'est-à-dire les compositions organiques et les masses de capitaux investis, il n'en est pas de même chez* BORTKIEWICZ *où seules figurent des grandeurs relatives au premier au second secteur, c'est-à-dire à la production des biens de production et à la production des biens-salaire. Dans le schéma corrigé [de Bortkiewicz], le taux de profit sera donc le même, toutes choses égales par ailleurs, quelle que soit la masse de capital investie dans le secteur III et quelle que soit la composition organique de ce secteur."([14], p. 178)*

Cette conclusion toutefois ne nous semble pas justifiée. Dans cette présentation l'auteur ne voit pas que dans le sytème de reproduction simple de von BORTKIEWICZ. Le troisième secteur est totalement défini par les deux premiers et la troisième équation du système n'est pas fondamentale. En réalité un système de détermination des prix ne doit être constitué que d'équations fondamentales. Aussi le système correct de von BORTKIEWICZ n'est constitué que de deux équations. Aussi un changement de la masse de capital investie ou de la composition organique dans le secteur III n'est que le reflet de changements dans les deux premiers secteurs, lesquels changements, selon la formule de von BORTKIEWICZ, ont pour conséquence une modification de la grandeur du taux de profit.

Dans les *Méandres* nous avons montré que cette conclusion, établie dans le cadre de systèmes à capital circulant, sous l'utilisation de modèles homogènes d'équations et de reproduction simple, était inexacte dans le cas général de système réguliers à capital fixe et de reproduction élargie[31].

Dans ce paragraphe nous illustrons ces conclusions sur notre modèle à cinq branches.

10.8. Mise en évidence de la pluralité des solutions

La solution au problème de la transformation existe. Elle n'est pas unique. Par exemple dans notre modèle à cinq branches il existe une infinité de solutions situées entre des limites clairement définies : la première limite (cas 1) correspond à une accumulation optimale de la plus-value (reproduction élargie optimale) et la seconde (cas 3) correspond à une production de la première branche qui permet seulement le remplacement des immobilisations mises au rebut (reproduction simple). Nous avons présenté dans ce chapitre un cas intermédiaire (cas 2) mais d'autres cas existent entre les limites évoquées.

Les capitaux engagés

Le tableau ci-dessous résume les répartitions du capital entre les branches dans les différents cas étudiés.

TABLE 10.14. – Capitaux engagés dans les différentes solutions

Branche	I	II	III	IV	V
ΣK_i = 1000	Machines	Energie	Matières premières	Biens de conso. courante	Biens de luxe
Cas 1	37.303	219.154	234.210	509.331	0
Cas 2	25.900	218.834	233.868	519.397	2.000
Cas 3	30.000	218.572	233.588	514.821	3.016

Le taux de profit varie avec la grandeur de la production de biens de luxe

Dans notre modèle nous avons admis que les branches qui fournissent de l'énergie et des matières premières produisent uniquement la quantité nécessaire pour couvrir les besoins de la production. Aussi le surplus est constitué d'un mix de produits de luxe et de moyens de production (machines). A partir d'une situation où la production de bien de luxe est nulle nous avons fait croitre celle-ci jusqu'au point ultime où la grandeur de la production de moyens de production est juste suffisante pour remplacer les machines mises au rebut en raison de leur âge (reproduction simple).

Selon le corollaire de von BORTKIEWICZ le taux de profit, déterminé par les seules branches fondamentales, devrait être identique dans tous les cas évoqués ci dessus ; or selon nos calculs ce n'est pas le cas comme le montre le tableau ci-dessous.

TABLE 10.15. – Les taux de profit dans les différentes solutions

%		Taux de Surplus	Taux de profit
Cas 1	Reproduction simple	41.91 %	28.6817573 %
Cas 2	Cas intermédiaire	37.88 %	28.68118799 %
Cas 3	Accumulation optimale	41.69 %	28.68195165 %

Rappelons que nos calculs ont été effectués avec une précision suffisante pour que les six chiffres après la virgule soient significatifs. Cette haute précision nous permet d'affirmer que les taux ainsi calculés sont différents bien que les trois premiers chiffres après la virgule soient identiques, la différenciation se fait dès le quatrième chiffre après la virgule et elle est significative.

Nous pouvons ainsi conclure que le corollaire n'est pas vérifié dans le cas de modèles avec capital fixe et n'a pas la généralité qui lui est généralement attribuée.

Conclusion

Dans un système à capital fixe :

- Les taux de surplus et de profit ne sont pas égaux.
- Le taux de profit est déterminé par toutes les branches y compris la branche qui produit des biens de luxe.
- Son montant varie avec la répartition du capital entre les branches.

Le taux de profit dépend des conditions de production de toutes les branches, le corollaire de Bortkiewicz, qui affirme que le taux de profit est indépendant de la production de biens de luxe, est invalidé dans le cas général de système avec capital fixe.

11. Conclusion générale

Nous avons développé dans ce livre une méthode synthétique qui adopte certains éléments aux nombreuses interprétations précédentes mais s'en distingue par l'utilisation d'hypothèses novatrices.

D'une part nous utilisons des systèmes d'équations linéaires comme la théorie dominante ; d'autre part nous développons une vision dynamique qui intègre la dimension temps, comme le Temporal Single System Interpretation. Toutefois notre approche diffère sur de nombreux points.

Tout d'abord nous construisons des modèles à capital fixe qui prennent en considération la valeur transmise des périodes antérieures. Nous considérons que cet héritage se fait sur la base du montant des dépenses réalisées antérieurement pour l'acquisition des éléments qui constituent le capital fixe et de façon progressive. Ceci nous conduit à utiliser des systèmes d'équations avec seconds membres, dits réguliers, ce qui est peu fréquent dans la littérature économique.

Puis nous avons décrit les mécanismes qui font converger les prix courants d'un système capitaliste vers les *prix de production de marché.* Pour faire cette démonstration nous avons fait appel à un processus itératif qui associe la détermination des prix à celle des volumes des productions des branches. Une solution satisfaisante a été exposée en utilisant un algorithme nouveau de calcul des coefficients de transformation (dérivée de la méthode mathématique de résolution de systèmes surdéterminés de MOORE-PENROSE, très peu utilisée par les économistes).

Nous avons mis en oeuvre un mode opératoire qui à l'aide de la méthode mathématique évoquée ci-dessus résout des systèmes déséquilibrés et réputés sans solution. Les prix ainsi calculés établissent des rentabilités différentes dans les différentes branches et, selon la loi générale du mode de production capitaliste, les capitaux vont se déplacer vers les branches les plus rentables. Le système global évolue ainsi vers l'établissement de prix de production de marché.

Nous avons ainsi construit un modèle innovant, avec capital fixe, qui réhabilite les principales conclusions de l'économie rationnelle. Le lien entre valeurs de travail humain et son expression monétaire (le prix) est rétabli et la détermination du taux de profit en relation avec l'exploitation des travailleurs est réaffirmée.

Dans nos travaux antérieurs, principalement [31], nous avions démontré la possibilité du respect des équations dites fondamentales, à savoir la grandeur de la production totale d'une économie évaluée en valeur est égale à la grandeur de ce même agrégat exprimée en prix de production de marché et la somme des plus-values égale la somme des profits, et nous avions établi l'ensemble des solutions mathématiquement et économiquement possibles dans le cadre général de systèmes qui prennent en compte le capital fixe, les modalités de transfert de valeur d'une période à l'autre et les mouvements des capitaux entre les branches.

Pour la première fois est expliqué, en application de la loi de la valeur, le mouvement séculaire paradoxal des capitaux des branches faiblement capitalistiques (l'agriculture) vers les branches à forte intensité capitalistique (l'industrie). Nous avons aussi tenu compte des transferts de valeurs d'une période à l'autre, des mouvements des capitaux vers les activités les plus rentables, des effets modifications de la répartition du capital sur le taux de profit et les prix, de la péréquation de la plus-value entre les branches et des transferts de valeurs entre branches en fonction de la composition organique du capital.

La nouvelle solution proposée est générale. Elle permet de traiter des situations d'équilibre mais aussi de déséquilibre et surtout elle est conforme à l'esprit, aux hypothèses et aux conclusions de MARX, l'auteur du *Capital.*

Vincent LAURE van BAMBEKE,
Docteur en Economie et Expert-Comptable retraité

Index des thèmes

Bibliographie

[1] Gilbert ABRAHAM-FROIS et Edmond BERREBI : *Théorie de la valeur, des prix et de l'accumulation.* Economica, 1976.

[2] Samir AMIN : La transformation des valeurs en prix de production à partir des travaux de vincent laure van bambeke. 2018.

[3] Carlo BENETTI : *Valeur et répartition.* Presses Universitaires de Grenoble, François Maspero, 1976.

[4] S. BOYD et L. VANDENBERGHE : *Introduction to Matrix methods and Application.* 2014.

[5] Andras BRODY : *Proportions, prices and Planning.* North Holland, 1970.

[6] Andras BRODY : Prices and quantities. The new Palgrawe. pages 957–960, 1987.

[7] Olivier CLAIN : La baisse tendancielle du taux de profit moyen chez marx. généalogie d'un malentendu. *cahier 58 du G.I.E.P*, 58, 2010.

[8] Ludo CUYVERS : *The Economic Ideas of Marx's Capital : Steps towards post-Keynesian economics r.* Routledge Frontiers of Political Economy, 2016.

[9] Vladimir K. DMITRIEV : *Essais économiques : esquisse de synthèse organique de la théorie de la valeur - travail et de la théorie de l'utilité marginale.* Paris, CNRS (1er édition Moscou 1904), traduit du russe par B. Joly, 1968.

[10] Maurice DOBB : A note on the transformation problem. *Political Economy and Capitalism (London, George Routledge and Sons, Ltd.,1946), p.273*, page p. 273, 1946.

[11] Gilles DOSTALER : *Valeur et prix. Histoire d'un débat.* Presses de l'Université de Grenoble-Presses de l'Université du Québec, 1978.

[12] Gérard DUMÉNIL et Ducan FOLEY : *The marxian transformation problem.* The New Palgrave Dictionnary of Economics, 2006.

[13] Arghiri EMMANUEL : *L'échange inégal. Essais sur les antogonismes dans les rapports internationaux.* François Maspero, 1975.

[14] Gérard FACCARELLO : *Travail, valeur et prix : une critique de la valeur.* Paris : Anthropos, 1983.

[15] Alan FREEMAN : *Price, Value and Profit - a Continuous, General, Treatment*, volume Freeman, A. and G. Carchedi. eds. MPRA, 1996.

[16] Alan FREEMAN et G. CARCHEDI : *Marx and Non-Equilibrium Economics*. London, Edward University Press, 1996.

[17] Alan FREEMAN et G. CARCHEDI : *The new Value Controversy and the fondations of Economics*. 2004.

[18] Geoffrey HARCOURT : *Some Cambridge controverties in the theory of capital*. Cambridge University Press, 1972.

[19] Jean-Marie HARRIBEY : *La richesse, la valeur et l'inestimable, fondements d'une critique socio-écologique de l'économie capitaliste*. Les liens qui libèrent, 2013.

[20] Eduard HEIMANN : *Kapitalismus und socialismus*. Potsdam : Alfred Protte, 1931.

[21] Michael Charles HOWARD et J.E. KING : *The political Economy of Marx*. New York University Press, 1988 (first published 1975).

[22] Emile JALLEY : *L'économie au XXIe siècle*. L'Harmattan, 2019.

[23] Gérard JORLAND : *Les paradoxes du Capital*. Ed. Odile Jacob, 1995.

[24] Adrew KLIMAN et Ted MCGLONE : A temporal single-system interpretation of marx's value theory. *Review of Political Economy*, 11(1), 1999.

[25] Andrew KLIMAN : *Reclaiming Marx's "Capital" : A Refutation of the Myth of Inconsistency*. Lexington, 2007.

[26] David LAIBMAN : Values and prices of production : The political economy of the transformation problem. *Science and Society*, XXXVII(4), 1973.

[27] Vincent LAURE VAN BAMBEKE : *Prix de monopole et sur-profit, l'analyse marxiste, dans Valeur et prix*. PUL, 1982.

[28] Vincent LAURE VAN BAMBEKE : *Des valeurs aux prix absolus. Essai de théorie rationnelle*. Innovations, Cahiers d'économie de l'innovation, 2006.

[29] Vincent LAURE VAN BAMBEKE : L'incongruence de la prétendue correction par von Bortkievicz de la méthode de calcul des prix de production par K. Marx. *Innovation*, 1(29):197–232, 2009.

[30] Vincent LAURE VAN BAMBEKE : La théorie de la valeur et des prix absolus en tant que synthèse du temporalisme et du simultanéisme. Communication au forum Marx International VI, 2010.

[31] Vincent LAURE VAN BAMBEKE : *Les méandres de la transformation des valeurs en prix de production*. L'Harmattan, 2013.

[32] Sanghoon LEE : A study on the transformation problem. 2007.

[33] Bangxi LI : *Linear Theory of Fixed Capital and China's Economy : Marx, Sraffa and Okishio.* Spinger, 2017.

[34] Alain LIPIETZ : Nouvelle solution au problème de la transformation : le cas du capital fixe et de la rente. *Recherches économiques de Louvain*, (45), 1979.

[35] Jean-Guy LORANGER : The transformation problem : an alternative solution with an identical aggregate profit rate in the labor value space and the monetary space. *Département de sciences économiques, Université de Montréal*, (cahier 9625), 1996.

[36] Jean-Guy LORANGER : The wage rate and the profit rate in the price of production equation : a new solution to an old problem. *Département de sciences économiques, Université de Montréal*, (cahier 9703), 1997.

[37] Jean-Guy LORANGER : A profit rate invariant solution to the marxian transformation problem. *Capital and Class*, 82:pp. 23–58., 2004.

[38] Karl MARX : *Le capital.* Editions sociales, 1972.

[39] Patrick MAURISSON : Les schémas de la transformation et la théorie sraffaienne des prix de production. *Une nouvelle approche en économie politique ? Essais sur Sraffa.*, Economica, 1977.

[40] Kenneth MAY : Value and price of production : a note on Winternitz solution. *Economic Journal*, (LVIIII):596–9, 1948.

[41] Alfredo MEDIO : *Profit et plus-value : apparence et réalité dans la production capitaliste ; version française dans Problèmatique de la croissance, volume II*, volume II, pages 168–209. Economica, 1978.

[42] Ronald L. MEEK : *Studies in The Labor Theory of Value.* Londres : Lawrence and Wishart, 1956.

[43] Francois MORIN : *L'économie politique du XXIe siècle, de la valeur-capital à la valeur travail.* Lux Humanités, 2017.

[44] Michio MORISHIMA : *Marx's Economics. A Dual Theory of Value and Growth.* Cambridge University Press, 1973.

[45] Michio MORISHIMA : Marx in light of modern economictheory. *Econometrica*, 42(4), July 1974.

[46] Fred MOSELEY : Recent interpretation of the "transformation problem". *A journal of Economics, Culture and Society*, 23(issue 2):p 186–187, 2011.

[47] Fred Moseley : *Money and Totality. A Macro-Monetary Interpretation of Marx's Logic in Capital and the End of the 'Transformation Problem'.* 2015.

[48] Luigi L. Pasinetti : *Leçons sur la théorie de la production.* Dunod, 1985.

[49] R. Penrose : *A generalized inverse for matrices.* Numéro 51. Proc. Cambridge Philos. Soc., 1955.

[50] R. Penrose : *On best approximate solutions of linear matrix equations,*, volume 52. Proc. Cambridge Philos. Soc., 1956.

[51] David Ricardo : *Principes d'économie politique et de l'impôt.* Traduction française, éd. Calmann-Levy, 1827.

[52] Joan Robinson : *An essay on marxism economics.* 1942.

[53] Joan Robinson : The production function and the theory of capital. *Revue of Economics Studies*, 21(2):81–106, 1953.

[54] Pierre Salama : *Sur la valeur.* Petite collection Maspéro, 1975.

[55] Paul A. Samuelson : The "transformation" from marxian "values" to competitive "prices". *Proceedings of the National Academy of Sciences*, 67(1), September 1970.

[56] Rudolf Schlesinger : *Marx, His Time and ours.* London : Routledge and Kegan Paul, 1950.

[57] Francis Seton : The transformation problem. *Review of Economic Studies*, 24(65):149–160, 1956-57.

[58] Anwar Shaikh : Marx's theory of value and the transformation problem. *in The subtle Anatomy of Capitalism, Schwartz*, pages pp. 106–139, 1977.

[59] Kei Shibata : On the general profit rate. *Kyoto University Review*, XIV:40–66, 1939.

[60] Piero Sraffa : *Production of commodities by means of commodities.* Cambridge University Press, 1960.

[61] Ian Steedman : *Marx after Sraffa.* London : New Left Books, 1977.

[62] Paul M Sweezy : *The theory of Capitalist Development.* Dennis Dobson Ltd, 1942.

[63] Hai Hac Tran : *Relire le Capital de Marx, critique de l'économie politique et objet de la critique de l'économie politique,*, volume 1 et 2. Cahiers libres Edition Page Deux, 2003.

[64] Lefteris Tsoulfidis et Persefoni Tsaliki : *Classical macrodynamics and the labor theory of value,*. Springer, 2019.

[65] TUGAN-BARANOWSKY : *Theoretische Grundlagen des Marxismus.* Duncker and Humbolt, Leipzig, 1905.

[66] Eugen von BÖHM-BAWERK : *Zum Abschluss den Marxchen Systems.* Merlin Press, 1896.

[67] Eugen von BÖHM-BAWERK, HILFERDING et Lalislaus von BORTKIEWICZ : *Karl Marx and the close of his system.* Augustus M. Kelley, 1949.

[68] Ladislaus von BORTKIEWICZ : *Wertechnung und Preisrechnung im Marxschen System.* Archiv für Sozialwissenschaft und Sozialpolitik, 1907.

[69] Ladislaus von BORTKIEWICZ : *Value and Price in the Marxian System*, volume 2. International Economic Papers, 1952.

[70] Lalislaus von BORTKIEWICZ : Essai de rectification de la construction théorique fondamentale de Marx dans le livre III du Capital. *Cahiers de l'ISEA*, série S(1):19–36, 1907.

[71] Joseph WINTERNITZ : Values and prices : A solution of the so-called transformation problem. *Economic Journal*, June 1948.

Revue « Marché et Organisations »
L'Harmattan

Cahiers d'économie et de gestion thématiques dont le but est de promouvoir la recherche originale sur les relations de plus en plus étroites qui se tissent entre le marché et les organisations. Les acteurs économiques de taille, de puissance et de pouvoir différents dont les intérêts peuvent être convergents, complémentaires ou, le plus souvent, antagoniques, ont tendance à organiser les marchés. La raison du marché, pourtant, est la référence stratégique pour l'entreprise ainsi que pour les institutions publiques de décision économique.

Numéros parus :

N°1 : Artisanat. La modernité réinventée, 2006
N°2 : La petite entreprise, elle a tout d'une grande. De l'accompagnement aux choix stratégiques, 2006
N°3 : Tourisme et Innovation. La force créative des loisirs, 2007
N°4 : Le travail. Formes récentes et nouvelles questions, 2007
N°5 : Les universités et l'innovation. L'enseignement et la recherche dans l'économie des connaissances, 2007
N°6 : Entrepreneuriat et accompagnement. Outils, actions et paradigmes nouveaux, 2008
N°7 : Développement durable des territoires. Economie sociale, environnement et innovations, 2008
N°8 : Développement durable et responsabilité sociale des acteurs, 2009
N°9 : Gouvernance : exercices de pouvoir, 2009
N°10 : Le travail collaboratif. Une innovation générique, 2009
N°11 : Economie sociale et solidaire. Nouvelles trajectoires d'innovations, 2010
N°12 : Relations à la marque et marques de la relation. Regards croisés sur le management relationnel de la marque, 2010
N°13 : Les contrats au service de la recherche ?, 2011
N°14 : Le potentiel économique de l'Afrique subsaharienne, 2011
N°15 : Management de la distribution, 2012
N°16 : Territoire Vert. Entreprises, Institutions, Innovations, 2012
N°17 : Eco-conception, conception et innovation. Les nouveaux défis de l'entreprise, 2013
N°18 : Intelligence économique : entreprises et territoires, 2013
N°19 : La finance globale. Un monde fini, 2013
N°20 : La crise du « développement », 2014
N°21 : La Chine innove. Politiques publiques et stratégies d'entreprise, 2014
N°22 : Go East! Nouvelles Economies de Marché, 2015
N°23 : L'économie du changement, 2015
N°24 : Le temps des artisans. Permanences et mutations, 2015
N°25 : Innovations de proximité et esprit d'entreprise, 2016
N°26 : L'avenir des économies du Maghreb : entre inertie structurelle et envie de rupture, 2016/3 (n° 27)
N°27 : Le sport aux frontières du marché du travail, 2016
N°28 : Dynamiques internationales des entreprises, 2017
N°29 : L'univers du risque, 2017
N°30 : Les petites entreprises dans l'histoire industrielle, 2017
N°31 : Economie sociale et *social business* ? Au défi d'entreprendre et se financer, 2018
N°32 : Éducation et fertilisation des économies africaines, 2018
N°33 : L'entrepreneuriat innovant dans les pays du Maghreb, 2018
N°34 : L'entrepreneuriat scientifique : institutions et innovation, 2019
N°35 : Le champ économique de la culture, 2019
N°36 : Economie sociale et solidaire ? Modèles d'innovation et modes de gouvernance, 2019
N°37 : Rethinking Luxury Business, 2020
N°38 : La santé connectée. Nouvelles technologies et réorganisation des soins, 2020
N°39 : Options stratégiques et systèmes complexes d'innovation, 2020
N°40 : Les services : intégration des systèmes productifs et lien social, 2021

Collection « L'esprit économique »

fondée par Sophie Boutillier et Dimitri Uzunidis en 1996

Dernières parutions

► ***Série Economie et Innovation***

C. ABDOU LAHAD THIAW, *Innovation localisée pour le développement économique du Sénégal*, 2018.
N. ANIDO FREIRE, *Tradition et innovation : de l'opposition à la complémentarité*, 2018.
C. BERGHMANS (dir.), *Intelligence et compétences émotionnelles en entreprise : perspectives multiples*, 2018.
T. MICHAUD, *La réalité virtuelle : de la science-fiction à l'innovation*, 2018.
B. LAPERCHE, M. LIMA, E. SEULLIET, B. TROUSSE (dir.), *Les écosystèmes d'innovation. Regards croisés des acteurs clés*, 2019.
S. MONNERIE, *L'économie digitale révolutionne le monde. Innovation et total design*, 2019.
T. MICHAUD, *Le projet spatial européen, entre pragmatisme et imagination*, 2020.
J.-P. SCHMITT, N. RAVIDAT, *Management conjoint de la technologie et de la personne. Pour performer et croitre*, 2020.

► ***Série Le Monde en Question***

L. BOURQUIN, *Europe 3.0 : le grand réveil*, 2017.
A. ROSOWSKY, *De l'économie de pillage a la société désagrégée, un essai sur la révolution thatchérienne*, tomes 1 & 2, 2017.
M. AMAN, *Currency board* (caisse d'émission) à Djibouti. Quelles implications économiques ?, 2018.
M. BENALI, A. EL BOUHADI, *Accès aux services financiers, inclusion et durabilité économique en Afrique*, 2020.

► ***Série Krisis***

M. WIELEZYNSKI, *Retour sur l'origine du profit : et si l'économie changeait de paradigme…*, 2018.
G. MINART, *Benjamin Constant, économiste*, 2019.
M. RAMEAUX, *Le tao de l'économie. Du bon usage de l'économie de marché*, 2020.
B. TONGLET, *Innovation et dynamique discontinue au bas Moyen Age. Pour une autre approche de l'histoire économique*, 2020.
J.-C. MOREL, *La nécessaire valorisation de la richesse ou intégrer le capital humain au bilan*, 2020.

► **Série *Clichés***

S. BOUTILLIER, D. UZUNIDIS (dir.), *La Russie européenne. Du passé composé au futur antérieur*, 2008.
R. VOLPI, *La négociation. Pain, paix, liberté*, 2009.

► ***Série Cours Principaux***

S. FREZAL, *Quand les statistiques minent la finance et la société. Risque, responsabilité et décision*, 2018.
O. ESNEU, *Le droit du transport routier de marchandises (TRM)*, 2018.
G. DUTHIL, *Economie publique et métamorphoses sociales*, 2019.
R. SANTENAC, *Le cycle des crises financières. Une étude approfondie des causes, des impacts et de la fréquence*, 2020.
B. LANDAIS, *Macroéconomie efficace. Croissance et crises*, 2020.

► ***Série L'économie formelle***

C. JADEAU, *La Finance inclusive. Manuel du post-capitalisme financier*, 2019.
A. BELMADANI, *Monnaie et systèmes de paiement. Mutations, enjeux et risques*, 2019.
É. CHAUMETON, *Pour une économie au service de la personne. Pistes d'avenir pour l'économie, la monnaie et la fiscalité*, 2019.
K. B. KOUASSI, *Pauvreté des Nations. Une critique de l'économie politique*, 2019.
F. NEUVILLE, *Comment gagner de l'argent en Bourse*, 2020.
S. A. DJELHI-YAHOT, *La théorie des finances publiques optimales. une approche gagnante pour l'Afrique*, 2020.
A. EL ALAOUI, *Modèle d'équilibre général calculable. Présentation théorique et application empirique*, 2020.

Structures éditoriales du groupe L'Harmattan

L'Harmattan Italie
Via degli Artisti, 15
10124 Torino
harmattan.italia@gmail.com

L'Harmattan Hongrie
Kossuth l. u. 14-16.
1053 Budapest
harmattan@harmattan.hu

L'Harmattan Sénégal
10 VDN en face Mermoz
BP 45034 Dakar-Fann
senharmattan@gmail.com

L'Harmattan Cameroun
TSINGA/FECAFOOT
BP 11486 Yaoundé
inkoukam@gmail.com

L'Harmattan Burkina Faso
Achille Somé – tengnule@hotmail.fr

L'Harmattan Guinée
Almamya, rue KA 028 OKB Agency
BP 3470 Conakry
harmattanguinee@yahoo.fr

L'Harmattan RDC
185, avenue Nyangwe
Commune de Lingwala – Kinshasa
matangilamusadila@yahoo.fr

L'Harmattan Congo
67, boulevard Denis-Sassou-N'Guesso
BP 2874 Brazzaville
harmattan.congo@yahoo.fr

L'Harmattan Mali
ACI 2000 - Immeuble Mgr Jean Marie Cisse
Bureau 10
BP 145 Bamako-Mali
mali@harmattan.fr

L'Harmattan Togo
Djidjole – Lomé
Maison Amela
face EPP BATOME
ddamela@aol.com

L'Harmattan Côte d'Ivoire
Résidence Karl – Cité des Arts
Abidjan-Cocody
03 BP 1588 Abidjan
espace_harmattan.ci@hotmail.fr

Nos librairies en France

Librairie internationale
16, rue des Écoles
75005 Paris
librairie.internationale@harmattan.fr
01 40 46 79 11
www.librairieharmattan.com

Librairie des savoirs
21, rue des Écoles
75005 Paris
librairie.sh@harmattan.fr
01 46 34 13 71
www.librairieharmattansh.com

Librairie Le Lucernaire
53, rue Notre-Dame-des-Champs
75006 Paris
librairie@lucernaire.fr
01 42 22 67 13